9.95

clave

Osho ha sido descrito por *The Sunday Times* de Londres como «uno de los mil artífices del siglo xx» y por el *Sunday Mid-Day* (India) como una de las diez personas –junto a Gandhi, Nehru y Buda– que han cambiado el destino de la India. En una sociedad donde tantas visiones religiosas e ideológicas tradicionales parecen irremediablemente pasadas de moda, la singularidad de Osho consiste en que no nos ofrece soluciones, sino herramientas para que cada uno las encuentre por sí mismo.

OSHO

Creatividad

Traducción de
Luis Martín-Santos Laffón

DEBOLS!LLO

Creatividad
Liberando las fuerzas internas

Título original: *Creativity: Unleashing the Forces Whitin*

Tercera edición en esta colección en España: septiembre, 2014
Primera edición en Debolsillo en México: agosto, 2018

D. R. © 2001, Penguin Random House Grupo Editorial, S. A. U.
Travessera de Gràcia, 47-49, 08021, Barcelona

OSHO® es una marca registrada de Osho International Foundation
www.osho.com/trademark
El material de este libro ha sido seleccionado entre varias
de las charlas dadas por Osho ante una audiencia durante
un periodo de más de treinta años.
Todos los discursos de Osho han sido publicados íntegramente
en inglés y están también disponibles en audio. Las grabaciones
originales de audio y el archivo completo de textos se
puede encontrar on-line en la biblioteca de la www.osho.com

D. R. © 2018, derechos de edición mundiales en lengua castellana:
Penguin Random House Grupo Editorial, S. A. de C. V.
Blvd. Miguel de Cervantes Saavedra núm. 301, 1er piso,
colonia Granada, delegación Miguel Hidalgo, C. P. 11520,
Ciudad de México

www.megustaleer.mx

D. R. © 2001, Luis Martín-Santos Laffón, por la traducción

ISBN: 978-607-316-893-9

Impreso en México – *Printed in Mexico*

El papel utilizado para la impresión de este libro ha sido fabricado a partir de madera procedente
de bosques y plantaciones gestionadas con los más altos estándares ambientales, garantizando
una explotación de los recursos sostenible con el medio ambiente y beneficiosa para las personas.

Penguin
Random House
Grupo Editorial

Índice

Prólogo

❧

LA FRAGANCIA DE LA LIBERTAD

L A CREATIVIDAD es la mayor rebelión que hay en la existencia. Si quieres crear tienes que liberarte de todos los condicionamientos; si no, tu creatividad no será más que copiar, sólo será una copia. Sólo puedes ser creativo si eres un individuo, no puedes crear si formas parte de la psicología de masas. La psicología de masas no es creativa; va arrastrándose por la vida, no sabe lo que es bailar, cantar, no tiene alegría; es mecánica.

El creador no puede seguir un camino ya trillado. Tiene que buscar su propio camino, tiene que explorar las junglas de la vida. Tiene que ir solo; tiene que marginarse de la mente colectiva, de la psicología de masas. La mente colectiva es la mente más inferior del mundo, hasta los que llamamos idiotas son superiores a la idiotez colectiva. Pero la colectividad tiene sus propios sobornos: respeta a la gente y la honra siempre que continúen insistiendo en que el camino de la mente colectiva es el único camino correcto.

En el pasado creadores de todos los tipos —pintores, bailarines, músicos, poetas, escultores— tuvieron que renunciar a la respetabilidad por pura necesidad. Tuvieron que vivir una vida bohemia, la vida de un vagabundo; ésa fue la única posibilidad que tuvieron de ser creativos. En el futuro no hace falta que esto sea así. Si me entiendes, si sientes que lo que estoy diciendo contiene algo de verdad, entonces en el futuro todo el mundo deberá de vivir de forma individual y no hará falta llevar una vida bohemia. El estilo de vida bohemia es consecuencia de una vida respetable, fija, ortodoxa y convencional.

Mi labor va dirigida a destruir la mente colectiva y liberar a todos los individuos de sí mismos o de sí mismas. Después no habrá problemas; después podrás vivir como quieras. De hecho, la humanidad sólo nacerá realmente el día que se respete al individuo en su rebelión. La humanidad aún no ha nacido, está todavía en el útero. Lo que tú llamas humanidad es sólo un engaño. A menos que le demos libertad individual a cada persona, libertad absoluta para que sea él mismo, para que exista a su manera... Y, por supuesto, no debe de interferir con nadie; eso es parte de su libertad. Nadie debe de interferir con nadie más.

> El creador no puede seguir un camino ya trillado. Tiene que ir solo, tiene que marginarse de la mente colectiva, de la psicología de masas.

Pero en el pasado todo el mundo ha estado husmeando en los asuntos de los demás; incluso en cosas que son absolutamente privadas, que no tienen nada que ver con la sociedad. Por ejemplo, te enamoras de una mujer. ¿Qué tiene que ver eso con la sociedad? Es un fenómeno puramente personal, no le interesa a nadie. Si dos personas están de acuerdo en comulgar en amor, la sociedad no debería de interferir. Pero la sociedad se inmiscuye de manera directa e indirecta con toda su parafernalia. El policía se interpondrá entre los amantes, el magistrado se interpondrá entre los amantes. Y si eso no fuera suficiente las sociedades han creado un superpolicía, Dios, para ocuparse de ti.

La noción de Dios es la de un mirón que no respeta tu intimidad ni siquiera en el cuarto de baño, te está mirando por el ojo de la cerradura observando lo que haces. ¡Es horrible! Todas las religiones del mundo dicen que Dios te está observando continuamente; es horroroso, ¿qué tipo de Dios es éste? ¿No tiene otra cosa que hacer que observar a todo el mundo, que seguir a todo el mundo? ¡Parece el detective supremo!

La humanidad necesita un nuevo territorio, un territorio de libertad. La bohemia fue una reacción, pero si mi visión triunfa no habrá bohemia porque no habrá una supuesta mente colectiva tratando de dominar a la gente. Entonces todo el mundo estará a gusto consigo mismo. Por supuesto no tienes que interferir con nadie más, pero en lo que se refiere a tu vida, tienes que vivir de acuerdo a tus propias premisas.

Sólo entonces hay creatividad. La creatividad es la fragancia de la libertad individual.

Una persona creativa es aquella que tiene percepción, puede ver cosas que no ha visto nadie antes, oye cosas que no ha escuchado nadie antes; entonces hay creatividad.

Preparando el lienzo

※

*Una vez que desaparece la patología todo el mundo se convierte
en un creador. Trata de entender esto tan a fondo como puedas:
sólo las personas enfermas son destructivas. Las personas sanas
son creativas. La creatividad es una especie de fragancia
de la auténtica salud. Cuando una persona está realmente sana
y es total, la creatividad surge naturalmente en él, aparece
la necesidad de crear.*

LAS TRES CES

LA HUMANIDAD ha llegado a una encrucijada. Hemos vivido el
hombre unidimensional y lo hemos agotado. Ahora necesitamos un ser humano más rico, tridimensional. Yo las llamo las tres
ces, igual que las tres erres.[1] La primera *c* es conciencia, la segunda *c* es compasión, la tercera *c* es creatividad.

Conciencia es ser, compasión es sentimiento, creatividad es acción. Mi visión de un nuevo ser humano contiene las tres simultáneamente. Te estoy planteando el mayor desafío que se haya plan-
teado jamás, la misión más difícil de cumplir. Tienes que ser tan
meditativo como Buda, tan amoroso como Krishna, tan creativo
como Miguel Ángel, como Leonardo da Vinci. Tienes que ser todos
a la vez simultáneamente. Sólo entonces tu totalidad será satisfe-

---

1. Lectura, escritura y aritmética (*reading, (w)riting, (a)rithmetic*), consi-
deradas como la base de la enseñanza elemental. (*N. del T.*)

cha; si no, te seguirá faltando algo. Y eso que te falta te mantendrá desequilibrado, insatisfecho. Si eres unidimensional puedes alcanzar una cima muy alta pero sólo serás una cima. Me gustaría que te convirtieras en la cordillera del Himalaya, no sólo en una cima sino en muchas cimas.

El hombre unidimensional ha fracasado. No ha sido capaz de crear una tierra hermosa, no ha sido capaz de crear el paraíso en la tierra. Ha fracasado, ¡ha fracasado totalmente! Creó un pequeño grupo de gente hermosa pero no ha podido transformar a toda la humanidad, no ha podido elevar la conciencia de toda la humanidad. Sólo se iluminaron algunos individuos aquí y allá. Eso no será suficiente. Necesitamos más iluminados, e iluminados de forma tridimensional.

Ésta es mi definición del nuevo hombre.

Buda no era un poeta; pero en la nueva humanidad, la gente que se convierta en budas serán poetas. Cuando digo «poetas» no quiero decir que tengas que escribir poesía; tienes que ser poético. Tu vida tiene que ser poética, tu enfoque tiene que ser poético.

> Si eres unidimensional puedes alcanzar una cima muy alta, pero sólo serás una cima. Me gustaría que te convirtieras en la cordillera del Himalaya, no sólo en una cima, sino en muchas cimas.

La lógica es seca, la poesía está viva. La lógica no puede bailar; a la lógica le es imposible bailar. ¡Ver a la lógica bailando sería como ver a Mahatma Gandhi bailando! Tendrá un aspecto muy ridículo. La poesía puede bailar; la poesía es la danza de tu corazón. La lógica no puede amar, puede hablar de amor pero no puede amar; el amor parece ser ilógico. Sólo la poesía puede amar, sólo la poesía puede dar el salto a la paradoja del amor.

La lógica es fría, muy fría; es útil en lo que se refiere a las matemáticas pero no es útil en lo que se refiere a la humanidad. Si la humanidad se vuelve demasiado lógica, entonces la humanidad desaparece; entonces sólo hay cifras no seres humanos; números reemplazables.

La poesía, el amor y los sentimientos te dan profundidad, calor. Te fundes más, pierdes tu frialdad. Te vuelves más humano. Buda es sobrehumano, no hay ninguna duda sobre eso, pero pierde su dimensión humana. No es de esta tierra. Tiene belleza por no ser de esta tierra, pero no tiene la belleza de Zorba el Griego. Zorba es muy terrenal. Me gustaría que fueras los dos a la vez: Zorba el Buda. Tienes que ser meditativo pero sin estar en contra del sentimiento. Tienes que ser meditativo pero lleno de sentimiento, desbordante de amor. Tienes que ser creativo. Si tu amor es sólo sentimiento y no lo trasladas a la acción, no afectará a una gran parte de la humanidad. Tienes que hacerlo realidad, tienes que materializarlo.

Éstas son tus tres dimensiones: ser, sentimiento, acción. La acción contiene la creatividad, todo tipo de creatividad: música, poesía, pintura, escultura, arquitectura, ciencia, tecnología. El sentimiento contiene todo lo que es estético: amor, belleza. Y el ser contiene meditación, despertar, conciencia.

> Buda tiene belleza por no ser de esta tierra, pero no tiene la belleza de Zorba el Griego. Zorba es muy terrenal. Me gustaría que fueras los dos a la vez: Zorba el Buda. Tienes que ser meditativo pero sin estar en contra del sentimiento.

RELÁJATE EN LA ACCIÓN

Primero hay que entender la naturaleza de la actividad y las corrientes ocultas que hay en ella; si no, no es posible la relajación. Si no has observado, si no te has fijado, si no te has dado cuenta de la naturaleza de tu actividad, aunque quieras relajarte será imposible, porque la actividad no es un fenómeno sencillo. A mucha gente le gustaría relajarse, pero no puede. La relajación es como un florecer: no puedes forzarlo. Tienes que entender todo el fenómeno: ¿por qué eres tan activo, por qué estás tan ocupado con la actividad, por qué te tiene obsesionado?

Acuérdate de dos palabras: una es «acción», la otra es «actividad». Acción no es actividad; actividad no es acción. Sus naturalezas son diametralmente opuestas. Acción es cuando la situación lo exige y tú actúas, respondes. Actividad es cuando la situación no tiene importancia, no es una respuesta; estás tan inquieto en tu interior que la situación es sólo una excusa para ser activo.

La acción nace de una mente silenciosa; es la cosa más bella del mundo. La actividad surge de una mente intranquila; es la más fea. Cuando tiene importancia es acción; la actividad carece de importancia. La acción es momento a momento, espontánea; la actividad está cargada de pasado. No es una respuesta al momento presente, sino que está rezumando la intranquilidad que has estado cargando desde el pasado hasta el presente. La acción es creativa. La actividad es muy destructiva; te destruye a ti, destruye a los demás.

> La relajación es como un florecer: no puedes forzarlo. Tienes que entender todo el fenómeno; ¿por qué eres tan activo, por qué estás tan ocupado con la actividad, por qué te tiene obsesionado?

Trata de ver la sutil diferencia. Por ejemplo, cuando tienes hambre, comes; esto es una acción. Pero si no tienes hambre, no tienes nada de hambre y continuas comiendo, esto es actividad. Comer en este caso es un tipo de violencia: destruyes el alimento, aprietas los dientes y destruyes el alimento; esto libera un poco tu inquietud interna. No estás comiendo por hambre, estás comiendo por una necesidad interna, por un impulso violento.

En el mundo animal la violencia está asociada con la boca y las manos, las uñas de las manos y los dientes; éstas son las dos cosas violentas del mundo animal. Mientras estás comiendo, ambas se unen; con las manos agarras el alimento, y con la boca te lo comes; liberas tu violencia. Pero si no hay hambre, no es una *acción* es una enfermedad. Esta actividad es una obsesión. Por supuesto no puedes seguir comiendo así porque reventarás, por eso la gente ha inventado trucos: masticar tabaco o chicle, o fumar cigarrillos. Se trata de falsos alimentos, sin ningún valor nutritivo, pero funcionan bien cuando la violencia está de por medio.

Un hombre sentado masticando chicle, ¿qué hace? (...)

Está matando a alguien. Si se hace consciente quizá tenga en su mente la fantasía de matar, asesinar; y está mascando chicle, una actividad en sí misma muy inocente. No le estás haciendo daño a nadie; pero es una acción muy peligrosa para ti, porque pareces ser completamente inconsciente de lo que estás haciendo. ¿Qué está haciendo una persona cuando fuma? De una forma muy inocente, está aspirando el humo y echándolo fuera, inhalando y exhalando; una especie de *pranayama*[2] enfermizo, una especie de meditación transcendental secular. Está formando un mandala: inhala el humo, lo exhala, lo inhala, lo exhala; se crea un mandala, un círculo. Al fumar está haciendo una especie de recitación, una recitación rítmica. Le calma; alivia un poco su intranquilidad interior.

Si estás hablando con alguien, no lo olvides —es cierto en un ciento por ciento de los casos—, cuando una persona se pone a buscar un cigarrillo quiere decir que se está aburriendo, deberías marcharte en ese mismo momento. Él querría echarte; no puede hacerlo, sería demasiado descortés. Está buscando su cigarrillo; te está diciendo: «¡Se acabó! ¡Estoy harto!» En el reino animal habría saltado sobre ti, pero no puede; es un ser humano civilizado. Salta sobre su cigarrillo, se pone a fumar. Ahora ya no está preocupado por ti, se ha encerrado en su propia recitación. Se calma.

Pero esta actividad indica que estás obsesionado. No puedes ser tú mismo; no puedes estar en silencio, no puedes permanecer inactivo. A través de la actividad vas sacando tu locura, tu demencia.

2. Respiración yóguica. *(N. del T.)*

La acción es hermosa, la acción llega como una respuesta espontánea. La vida necesita respuestas, tienes que actuar en cada momento pero la actividad llega a través del momento presente. Estás hambriento y buscas alimento, tienes sed y vas al pozo. Tienes sueño y te vas a dormir. Partiendo de una situación total, actúas. La acción es espontánea y total.

La actividad nunca es espontánea, viene del pasado. Quizá la has estado acumulando durante muchos años y luego explota en el presente; no es importante. Pero la mente es astuta; la mente siempre encontrará motivos para la actividad. La mente tratará siempre de demostrar que no es actividad, que es acción; que era necesario. De repente tienes un estallido de rabia. Todos los demás se dan cuenta de que no era necesario, la situación nunca lo exigió, era simplemente irrelevante; tú eres el único que no lo ve. Todo el mundo siente: «¿Qué estás haciendo? No hacía falta. ¿Por qué estás tan enfadado?» Pero tú encontrarás motivos, razonarás que hacía falta.

Estos razonamientos te ayudan a seguir siendo inconsciente de tu locura. Esto es lo que George Gurdjieff solía llamar «amortiguadores». Creas amortiguadores con los razonamientos que te rodean para no darte cuenta de cuál es la situación. Los amortiguadores se utilizan en los trenes; los amortiguadores se utilizan entre dos compartimentos, para que no haya un choque demasiado fuerte entre los pasajeros si el tren hace una parada de emergencia. Los amortiguadores absorberán el choque. Tu actividad nunca tiene importancia pero esos amortiguadores de razonamientos no te permiten ver la situación. Los amortiguadores te impiden ver y este tipo de actividad continúa.

Si hay actividad no te puedes relajar. ¿Cómo te vas a relajar? Es una necesidad obsesiva, quieres hacer algo, lo que sea. En todo el mundo hay idiotas que dicen: «Hacer algo es mejor que no hacer nada.» Y hay perfectos idiotas que han creado en todo el mundo un proverbio que dice: «Una mente vacía es el taller del diablo.» ¡No lo es! Una mente vacía es el taller de Dios. Una mente vacía es la cosa más bella del mundo, la más pura porque, ¿cómo puede ser una mente vacía el taller del diablo? El diablo no puede entrar en una mente vacía, ¡imposible! El diablo sólo puede entrar en una mente que está obsesionada con la actividad; entonces el diablo se puede hacer cargo de ti, te puede enseñar caminos y formas de ser más activo. El diablo nunca dice: «¡Relájate!» Dice: «¿Por qué estás perdiendo el tiempo? ¡Haz algo, hombre, muévete! ¡La vida pasa, haz algo!» Y todos los grandes maestros que han despertado a la verdad de la vida han llegado a darse cuenta que una mente vacía te da el espacio para que lo divino entre en ti.

La actividad puede ser utilizada por el diablo, una mente vacía no. ¿Cómo puede usar el diablo una mente vacía? No se atreverá a acercarse porque el vacío le matará. Pero si estás lleno de un profundo impulso, un loco impulso de ser activo, entonces el diablo se hará cargo. Entonces te guiará; entonces será tu único guía.

Me gustaría decirte que este proverbio es completamente erróneo. Lo ha debido de sugerir el mismo diablo.

Hay que vigilar esta obsesión de ser activo. Y la tienes que observar en tu propia vida, porque todo lo que diga no tendrá demasiado sentido a menos que veas en ti mismo que tu actividad carece de importancia, que no es necesaria. ¿Por qué lo estás haciendo?

> Hay perfectos idiotas que han creado en todo el mundo un proverbio que dice: «Una mente vacía es el taller del diablo.» ¡No lo es! Una mente vacía es el taller de Dios.

Viajando he visto a la gente repetir lo mismo una y otra vez. Estoy con un pasajero durante veinticuatro horas en un tren. Leerá el mismo periódico una y otra vez, sin encontrar otra cosa que hacer. Encerrado en un compartimento no hay muchas posibilidades de ser activo, por eso leerá una y otra vez el mismo periódico. Y yo estoy observando… ¿qué está haciendo este hombre?

Un periódico no es el Gita o la Biblia. Puedes leer el Gita muchas veces porque cada vez descubres un nuevo significado. Pero un periódico no es el Gita; ¡una vez que lo has leído se acabó! No valía la pena leerlo ni una vez y la gente lo sigue leyendo. Se pondrán a leerlo de nuevo, una y otra vez. ¿Cuál es el problema? ¿Es necesario? No, están obsesionados; no pueden quedarse en silencio, inactivos. Para ellos es imposible, esto sería estar muertos. Tienen que estar activos.

Viajar durante muchos años me dio muchas oportunidades de observar a la gente sin que se dieran cuenta, porque a veces sólo había una persona conmigo en el compartimento. Y hacía todo tipo de esfuerzos para hacerme hablar y yo sólo contestaba sí o no; entonces descartaba la idea. Después me dedicaba a observarle; un hermoso experimento, ¡y gratis! Le observaba: abría la maleta —y yo veía que no estaba haciendo nada— miraba dentro y la cerraba. Después abría la ventana y luego la cerraba. Después volvía al periódico, luego fumaba, abría de nuevo la maleta, la ordenaba otra vez, iba y abría la ventana, miraba fuera. ¿Qué está haciendo? Y ¿por qué? Un impulso interno, algo está temblando en su interior, un estado de mente febril. Tiene que hacer algo, si no estará perdido. Ha debido de ser un hombre activo en la vida; ahora tiene un momento para relajarse; no puede relajarse, persiste el viejo hábito.

> *Si quieres subir a la cima más alta de las montañas, es arduo.*
>
> *Y cuando has alcanzado la cima y te tumbas, susurrando a las nubes, mirando al firmamento, tu corazón se llena de alegría, la alegría que llega siempre que alcanzas una cima de creatividad.*

Se dice que Aurangzeb, un emperador mongol, tomó prisionero a su padre en su vejez. El padre de Aurangzeb, Shah Jehan, construyó el Taj Majal. El hijo lo hizo prisionero y lo destronó. Se cuenta y está escrito en la autobiografía de Aurangzeb, que después de unos días Shah Jehan no estaba preocupado de ser prisionero porque se le proporcionaban todos los lujos. Era un palacio y Shah Jehan seguía viviendo como antes. No parecía una prisión, tenía absolutamente todo lo que necesitaba. Sólo le faltaba una cosa y era actividad; no podía hacer nada. Por eso le pidió a su hijo Aurangzeb: «De acuerdo, me has proporcionado de todo y todo es muy hermoso. Sólo una cosa más y si puedes hacerlo, te estaré agradecido para siempre: mándame a treinta niños. Me gustaría enseñarles.»

Aurangzeb no se lo podía creer: «¿Por qué querrá mi padre enseñar a treinta niños?» Nunca había mostrado ninguna inclinación a ser profesor, nunca había estado interesado en ningún tipo de educación, ¿qué le ha sucedido? Pero cumplió su deseo. Le enviaron treinta niños a Shah Jehan y todo fue bien; de nuevo era el emperador, treinta niños pequeños. Si vas a una escuela primaria el profesor es casi el emperador. Les puedes ordenar que se sienten y se tendrán que sentar; les puedes ordenar que se levanten y tendrán que levantarse. Y con esos treinta niños recreó en la habitación la misma situación que en su corte; la vieja costumbre y la vieja drogadicción de mandar sobre alguien.

Los psicólogos sospechan que en realidad los profesores son políticos. Por supuesto, sin la suficiente confianza en sí mismos como para entrar en la política; van a los colegios y allí se convierten en presidentes, primer ministros, emperadores. Niños pequeños a los que mandan y obligan. Los psicólogos también sospechan que los profesores tienen una tendencia a ser sádicos, les gustaría torturar. Y no puedes encontrar mejor lugar que la escuela primaria. Puedes torturar a niños inocentes; y lo puedes hacer por ellos, por su bien. ¡Ve y fíjate! He estado en escuelas primarias y he estado observando a los profesores. Los psicólogos sospechan; ¡yo estoy *seguro* de que son torturadores! Y no puedes encontrar víctimas más inocentes, completamente desarmadas, ni siquiera pueden resistirse. Son tan débiles y están desamparados; y ante ellos el profesor es como un emperador.

Aurangzeb escribe en su autobiografía: «Mi padre, sólo por una vieja costumbre, quiere seguir fingiendo que es el emperador. Así que dejemos que finja y que se engañe a sí mismo, no hay nada malo en ello. Enviadle treinta niños o trescientos, los que quiera. Dejémosle que dirija una pequeña escuela y sea feliz.»

Cuando la acción no tiene importancia es actividad. Obsérvalo en ti mismo y fíjate: el noventa por ciento de tu energía es malgastada en actividad. Por eso, cuando llega el momento de la acción no tienes energía. Una persona relajada no es obsesiva, y la energía comienza a acumularse en su interior. Conserva su energía, se conserva automáticamente, y entonces cuando llega el momento de la acción todo su ser fluye con ella. Por eso la acción es total. La actividad siempre es a medias, porque, ¿cómo puedes engañarte a ti mismo absolutamente? Hasta tú sabes que es inútil. Hasta tú eres consciente de que lo estás haciendo por determinadas razones febriles internas que ni siquiera están claras para ti, muy vagas.

> *Una persona relajada no es obsesiva, y la energía comienza a acumularse en su interior. Conserva su energía, se conserva automáticamente, y entonces cuando llega el momento de la acción todo su ser fluye con ella.*

Puedes cambiar de actividad pero, a menos que las actividades sean transformadas en acciones, no servirá de nada. La gente viene a verme y me dice: «Me gustaría dejar de fumar.» Yo les digo: «¿Por qué? Es una meditación trascendental muy hermosa, continúa.» Si lo dejas empezarás con otra cosa, porque la enfermedad no cambia cambiando los síntomas. Después te morderás las uñas, luego mascarás chicle; y hay cosas incluso más peligrosas. Éstas son inocentes, porque si estás mascando chicle lo estás mascando tú. Puede que seas un idiota pero no eres un hombre violento, no estás siendo destructivo con nadie. Si dejas de comer chicle, de fumar, entonces ¿qué harás? Tu boca necesita actividad, es violenta. Entonces hablarás. Hablarás continuamente —bla, bla, bla— ¡y eso es más peligroso!

La esposa de Mulla Nasruddin[3] vino el otro día. Casi nunca viene a verme, pero cuando viene inmediatamente entiendo que debe haber una crisis. Así que le pregunté: —¿Qué es lo que pasa?—. Le

---

3. Personaje clásico en cuentos orientales. *(N. del T.)*

costó treinta minutos y miles de palabras decirme: —Mulla Nas-ruddin habla mientras duerme, o sea que sugiéreme algo: ¿qué hay que hacer? Habla demasiado y me cuesta dormir en la misma habitación. Y grita y dice cosas feas.

Así que le dije: —No tienes que hacer nada. Dale sencillamente la oportunidad de hablar mientras los dos estéis despiertos.

La gente no para de hablar, no le dan una oportunidad a nadie más. Hablar es igual que fumar. Si hablas durante veinticuatro horas, … ¡y lo haces! Mientras estás despierto, hablas; cuando tu cuerpo está cansado te duermes, pero la charla continúa. Veinticuatro horas, día y noche, hablas y hablas, no dejas de hablar. Es como fumar, porque el fenómeno es el mismo: la boca necesita movimiento. Y la boca es la actividad básica porque ésa es la primera actividad que empezaste en tu vida.

Nace el niño y empieza a chupar el pecho de la madre; ésa es la primera actividad y es básica. Fumar es como chupar el pecho: la leche caliente va fluyendo hacia dentro… cuando fumas, el humo caliente va fluyendo hacia dentro, y el cigarrillo en tus labios se siente como el pecho de la madre, el pezón. Si no te dejan fumar, comes chicle y esto y aquello, y si no, hablarás. Y eso es más peligroso porque estás echando tu basura en la mente de otras personas.

¿Puedes estar mucho tiempo en silencio? Los psicólogos dicen que si estás en silencio durante tres semanas empezarás a hablar contigo mismo. Entonces estarás dividido en dos: hablarás y te escucharás. Y si tratas de estar en silencio durante tres meses estarás listo para el manicomio, porque entonces no te importará si estás con alguien más o no. Hablarás, y no sólo hablarás, sino que responderás; ahora eres completo, ya no necesitas a nadie. Esto es ser un lunático.

Un lunático es una persona que encierra en sí mismo todo su mundo. Él habla y él escucha, es el actor y el espectador; él lo es todo, todo el mundo se reduce a sí mismo. Se ha dividido en muchas partes y todo se ha vuelto fragmentario. Por eso la gente le tiene miedo al silencio; saben que podrían explotar. Y si tienes miedo al silencio eso significa que dentro tienes una mente obsesiva, febril, enferma, que continuamente está pidiéndote que estés activo.

La actividad es tu forma de escaparte de ti mismo. En la acción eres; en la actividad te has escapado de ti mismo; es una droga. En la actividad te olvidas de ti mismo y cuando te olvidas de ti mismo no hay preocupaciones, no hay angustia, no hay ansiedad. Por eso necesitas estar continuamente activo, haciendo una cosa u otra, pero nunca en un estado en el que el no-hacer brota y florece en ti.

La acción es buena. La actividad es enferma. Encuentra la distinción en tu interior: ¿qué es actividad y qué es acción? Ése es el primer paso. El segundo paso es implicarse más en la acción para que la energía se ponga en acción; y siempre que haya actividad, ser más observador, estar más alerta. Si eres consciente, la actividad cesa. La energía es preservada, y esa misma energía se convierte en acción.

La acción es inmediata. No es algo preparado, no es prefabricada. No te da ninguna oportunidad de hacer preparativos, de que la ensayes. La acción siempre es nueva y fresca como el rocío de la mañana. Y la persona de acción además siempre está fresca y joven. El cuerpo podría envejecer pero su frescura continúa; el cuerpo podría morir pero su juventud continúa. El cuerpo podría desaparecer pero él permanece; porque a Dios le gusta la frescura. Dios siempre está a favor de lo nuevo y lo fresco.

Renuncia cada vez más a la actividad. Pero ¿cómo puedes renunciar a ella? Querer renunciar a ella se puede convertir en sí mismo en una obsesión. Eso es lo que les ha sucedido a vuestros monjes en los monasterios: renunciar a la actividad se ha convertido en su obsesión. Están todo el rato haciendo algo para evitarla: oración, meditación, yoga, esto y aquello. Pero eso también es actividad. No puedes renunciar de esa forma, regresará por la puerta de atrás.

Sé consciente. Siente la diferencia entre acción y actividad. Y cuando la actividad te atrape —de hecho se le debería de llamar posesión—, cuando la actividad te posea como un fantasma —y la actividad es el fantasma, viene del pasado, está muerta—, cuando la actividad te posea y estés febril, hazte más consciente. Eso es lo único que puedes hacer. Obsérvala. Incluso si lo tienes que hacer, hazlo con plena consciencia. Fuma, pero fuma muy despacio, todo lo consciente que puedas para poder ver qué estás haciendo.

Si puedes observar cuando fumas, de repente un día el cigarrillo se te caerá de entre los dedos porque te revelará lo absurdo que es. Es estúpido; es simplemente estúpido, idiota. Cuando te das cuenta de esto, sencillamente se cae. No puedes tirarlo porque tirarlo es una actividad. Por eso digo que simplemente se cae, igual que cae una hoja muerta desde el árbol..., cayendo, de ese modo cae. Si lo has tirado lo recogerás nuevamente de otro modo, de otra forma.

Deja que las cosas se caigan, no las tires. Deja que la actividad desaparezca, no la obligues a desaparecer, porque el mismo esfuerzo para obligarla a desaparecer es de nuevo una actividad de otra forma. Observa, permanece alerta, sé consciente, y presenciarás un fenómeno milagroso: cuando algo cae por sí mismo, espontáneamente, no deja rastro en ti. Si lo obligas, entonces queda un rastro, queda una cicatriz. Luego siempre presumirás de que fumaste durante treinta años y después lo dejaste. Este presumir es lo mismo. Hablando de ello estás haciendo lo mismo; no fumas pero hablas demasiado de que has dejado de fumar. Tus labios vuelven a estar en actividad, tu boca está funcionando, tu violencia está ahí.

> No se trata de qué haces, se trata de cómo lo haces. Y finalmente se trata de si lo haces o si permites que suceda.

Si un hombre lo entiende de verdad, las cosas se caen; y después no puedes atribuirte el mérito de que: «Lo he dejado.» ¡Se cayó solo! Tú no lo has dejado. El ego no se fortalece con ello. Y entonces cada vez podrá haber más acciones.

Y siempre que tengas una oportunidad para actuar con totalidad, no la desperdicies, no vaciles; actúa. Actúa más y deja que las actividades vayan cayéndose solas. Poco a poco te irás transformando. Lleva tiempo, necesita que llegue su momento, pero no hay prisa.

Escucha estas palabras de Tilopa:[4]

---

4. Un místico del siglo XI que llevó las enseñanzas de Buda de India al Tíbet. *(N. del T.)*

No hagas nada con el cuerpo sino relajarte; cierra firmemente la boca y permanece en silencio; vacía tu mente y no pienses en nada.

«No hagas nada con el cuerpo sino relajarte…» Ahora puedes entender qué significa la relajación. Significa no tener ningún deseo de ser activo. La relajación no quiere decir estar tumbado como un muerto; y no puedes tumbarte como un muerto, sólo puedes fingirlo. ¿Cómo puedes tumbarte como un muerto? Tú estás vivo, sólo puedes fingirlo. La relajación llega a ti cuando no hay un deseo de ser activo; la energía está en casa, no va hacia ningún lado. Actuarás si surge una determinada situación, eso es todo, pero no estás buscando una excusa para actuar. Estás a gusto contigo mismo. La relajación es estar en casa.

> La relajación sólo llega cuando no hay un «necesitas» en tu vida. La relajación no sólo es del cuerpo, no es sólo de la mente, es de tu ser total.

Estaba leyendo un libro hace algunos años. El título del libro es *Necesitas relajarte.* Esto es un absurdo, porque el «necesitas» va en contra de la relajación; pero esos libros sólo se pueden vender en Norteamérica. «Necesitas» significa actividad, es una obsesión. Siempre que hay un «necesitas» detrás se esconde una obsesión. En la vida hay acciones pero no hay un «necesitas», si no el «necesitas» creará locura. «Necesitas relajarte»; en ese momento la relajación se ha convertido en una obsesión. Tienes que colocarte en esta postura y en aquélla, tumbarte y sugerir a tu cuerpo desde el dedo gordo del pie a la cabeza; decirle a los dedos gordos del pie: «¡Relajaos!» y luego id subiendo…

¿Por qué «necesitas»? La relajación sólo llega cuando no hay un «necesitas» en tu vida. La relajación no sólo es del cuerpo, no es sólo de la mente, es de tu ser total.

Estás demasiado implicado en la actividad, por supuesto exhausto, disipado, seco, helado. La energía vital no se mueve. Sólo hay bloqueos y cada vez más bloqueos. Y siempre que haces algo, lo haces en un estado de locura. ¡Por supuesto surge la necesidad de relajarse! Por eso se escriben tantos libros todos los meses sobre la relajación. Y nunca he visto a nadie que se relaje leyendo un libro sobre relajación; se ha vuelto más agitado, porque toda su vida de actividad sigue estando intacta, su obsesión por ser activo sigue ahí, la enfermedad sigue ahí, pero pretende estar en un estado de relajación. Por eso se tumba, con todo ese tumulto dentro, como un volcán listo para entrar en erupción; y se está relajando, está siguiendo las instrucciones de un libro que se titula: *Cómo relajarse*.

No hay ningún libro que pueda ayudarte a relajarte; a menos que leas tu propio ser interno, y entonces la relajación deja de ser «una necesidad». La relajación es una ausencia, una ausencia de actividad, no de acción. Por eso no hay necesidad de irse al Himalaya; algunos lo han hecho, para relajarse se van al Himalaya. ¿Qué falta hace irse al Himalaya? No hay que renunciar a la acción, porque si abandonas la acción, abandonas la vida. Entonces estarás muerto, no relajado. En el Himalaya encontrarás sabios que están muertos, no relajados. Ellos han escapado de la vida, de la acción.

> La mente debe de seguir siendo viva y creativa, y a la vez debe de ser capaz de entrar en silencio siempre que quiera. Eso es maestría. Cuando quieres pensar, puedes pensar, cuando no quieres pensar, puedes entrar en no mente. Un verdadero maestro puede hacer ambas cosas.

Hay que entender este punto sutil: la actividad tiene que desaparecer, pero no la acción. Renunciar a ambas cosas es fácil; puedes renunciar a ambas y escaparte al Himalaya, eso es fácil. O, eso también es fácil: puedes continuar tus actividades y obligarte cada mañana o cada tarde, durante unos minutos, a relajarte. No entiendes la complejidad de la mente humana, su mecanismo. La relajación es un estado. No puedes forzarlo. Tú simplemente renuncia a la negatividad, a los obstáculos, y llega, burbujea espontáneamente.

¿Qué haces cuando te vas a dormir por la noche? ¿Haces algo? Si lo haces, padecerás de insomnio, tendrás insomnio. ¿Qué haces? Simplemente te tumbas y duermes. No hay un «hacer» por tu parte. Si «haces», será imposible que te duermas. De hecho, para que te duermas lo único que hace falta es conseguir que la mente interrumpa su implicación en las actividades del día. ¡Eso es todo! Cuando la actividad no está ahí en la mente, la mente se relaja y se duerme. Si haces algo para dormirte, estarás perdido, entonces será imposible que te duermas.

No hace falta hacer nada en absoluto. Dice Tilopa: No hagas nada con el cuerpo sino relajarte. ¡No hagas nada! No te hace falta ninguna postura de yoga, no hace falta que deformes o hagas ninguna contorsión con el cuerpo. «¡No hagas nada!»; sólo hace falta la ausencia de actividad. ¿Y cómo sucederá? Llegará a través de la comprensión. La comprensión es la única disciplina. Comprende tus actividades y de repente, en medio de la actividad, si te haces consciente se detendrán. Si te haces consciente de por qué lo estás haciendo se detendrán. Y ese detenerse es lo que quiere decir Tilopa: «No hagas nada con el cuerpo sino relajarte.»

> La relajación es un estado. No puedes forzarlo. Sólo puedes renunciar a la negatividad, a los obstáculos, y llega.

¿Qué es la relajación? Es una situación en la que tu energía no va a ningún sitio; no va al futuro, no va al pasado, está simplemente aquí contigo. Estás arropado por la silenciosa reserva de tu propia energía, por su calor. Este momento lo es todo. No existe ningún otro momento, el tiempo se detiene; entonces hay relajación. Si hay tiempo, no hay relajación. El reloj simplemente se detiene; no hay tiempo. Este momento lo es todo. No pides nada más, simplemente disfrutas. Se puede disfrutar de las cosas corrientes porque son hermosas. De hecho, nada es corriente; entonces todo es extraordinario.

La gente viene a verme y me pregunta: «¿Crees en Dios?» Les digo: «Sí, porque todo es tan extraordinario, ¿cómo puede existir sin que haya en ello una profunda conciencia?» Pequeñas cosas… Caminando sobre la hierba cuando las gotas de rocío todavía no se han evaporado, sintiéndote totalmente allí; la textura, el contacto con la hierba, la frescura de las gotas de rocío, el viento de la mañana, la salida del sol. ¿Qué más necesitas para ser feliz? ¿Qué más te hace falta para ser feliz? Tumbado en la noche en la frescura de la sábana en tu cama, sintiendo la textura; sintiendo cómo la sábana se va calentando cada vez más, y tú envuelto en la oscuridad, el silencio de la noche… Con los ojos cerrados te sientes a ti mismo. ¿Qué más necesitas? Es demasiado; surge un gran agradecimiento. Esto es relajación.

Relajación significa que este momento es más que suficiente, más de lo que se puede pedir y esperar. Nada que pedir, es más que suficiente, es más de lo que puedes desear; entonces la energía nunca va a ningún sitio, se convierte en un plácido estanque. Te disuelves en tu propia energía. Este momento es relajación.

> Nunca he visto a nadie que se relaje leyendo un libro sobre relajación; se ha vuelto más agitado, porque toda su vida de actividad sigue estando intacta, su obsesión por ser activo sigue ahí, la enfermedad sigue ahí, pero pretende estar en un estado de relajación.

La relajación no es ni del cuerpo, ni de la mente, la relajación es de la totalidad. Por eso los budas siguen diciendo: «Deja de desear», porque saben que si hay deseo no te puedes relajar. Continúan diciendo: «Entierra lo muerto», porque si estás demasiado interesado en el pasado no te puedes relajar. Te dicen: «Disfruta de este momento.» Jesús dice: «Mira las azucenas. Fíjate en las azucenas del campo; no trabajan y son más bellas, su esplendor es más grande que el del rey Salomón. Están revestidas con un aroma más hermoso que el que nunca tuvo el rey Salomón. ¡Mira, fíjate en las azucenas!»

¿Qué está diciendo? Está diciendo: ¡relájate! No necesitas esforzarte; de hecho lo tienes todo. Jesús dice: «Si él cuida de los pájaros en el cielo, de los animales, de los animales salvajes, de los árboles y de las plantas, entonces, ¿por qué estás preocupado? ¿No cuidará de ti?» Esto es relajación. ¿Por qué estás tan preocupado por el futuro? Fíjate, observa las azucenas, y vuélvete como ellas; y entonces relájate. La relajación no es una postura; la relajación es una transformación total de tu energía.

La energía puede tener dos dimensiones. Una es motivada, va a algún lugar, persigue un objetivo: este momento es sólo un medio, y el objetivo tiene que ser alcanzado en otro lugar. Ésta es una dimensión de tu energía: ésta es la dimensión de la actividad, orientada a una meta. Entonces todo es un medio. De alguna forma hay que hacerlo y tienes que alcanzar el objetivo, entonces te relajarás. Pero este tipo de energía nunca alcanza el objetivo, porque este tipo de energía sigue transformándose en cada momento en un medio para conseguir algo, en el futuro. El objetivo siempre está en el horizonte. Sigues corriendo, pero la distancia sigue siendo la misma.

No, existe otra dimensión de la energía: esa dimensión es la de una celebración sin motivo. El objetivo está aquí y ahora; el objetivo no está en otro lugar. De hecho, tú eres el objetivo. De hecho, no

> La comprensión es la única disciplina. Comprende tus actividades y de repente, en medio de la actividad, si te haces consciente se detendrán. Si te haces consciente de por qué lo estás haciendo se detendrán. Y ese detenerse es lo que quiere decir Tilopa: «No hagas nada con el cuerpo sino relajarte.»

hay otra satisfacción que la de este momento; fíjate en las azucenas. Cuando *tú* eres el objetivo y cuando el objetivo no está en el futuro —cuando no hay nada que conseguir, en lugar de eso, sólo tienes que celebrarlo, ya lo has conseguido, está ahí—, esto es relajación, energía sin motivo.

Por eso, para mí, hay dos tipos de personas: los ambiciosos y los celebrantes. Los ambiciosos son los que están locos. Se están volviendo locos poco a poco; y están creando su propia locura. Y después la locura tiene su propio impulso; poco a poco se van adentrando en ella; después se pierden totalmente. El otro tipo de persona no es un ambicioso; no es en absoluto un buscador, es un celebrante.

Sed celebrantes, ¡celebrad! Ya tienes demasiado: las flores se han abierto, los pájaros están cantando, el sol está en el cielo; ¡celébralo! Estás respirando, estás vivo y tienes conciencia; ¡celébralo! Entonces de repente te relajas; entonces no hay tensión, entonces no hay angustia. Toda la energía que se convertía en angustia se convierte en gratitud. Todo tu corazón late con un profundo agradecimiento; eso es oración. En esto consiste la oración, en un corazón lleno de profunda gratitud.

«No hagas nada con el cuerpo sino relajarte.» No necesitas hacer nada para conseguirlo. Sólo entiende el movimiento de la energía, el movimiento

> La energía es buena, la energía es deleite, la energía es divina. Una vez que la energía es liberada, uno se puede volver creativo. Te da inteligencia, sensibilidad; te da todo lo que es bello.

> La energía necesita trabajo, si no estará inquieta. La energía necesita expresión, la energía necesita ser creativa. Si no, la misma energía enroscada dentro se convertirá en una dolencia, en una enfermedad.

sin motivo de la energía. Fluye, pero no hacia una meta, fluye como una celebración. No se mueve hacia un objetivo, se mueve por su propia energía desbordante.

Un niño está bailando, saltando y dando vueltas corriendo; pregúntale: «¿Adónde vas?» No va a ningún lugar; le parecerás tonto. Los niños siempre piensan que los adultos son tontos. Qué tontería de pregunta: «¿Adónde vas?» ¿Es que hace falta ir a algún sitio? Un niño no puede responder a tu pregunta porque carece de importancia. Él no está yendo a ningún sitio. Simplemente encogerá los hombros. Dirá: «A ningún sitio.» Entonces la mente ambiciosa pregunta: «Entonces ¿por qué estás corriendo?»; porque para nosotros la actividad tiene sentido sólo cuando te lleva a algún lugar.

Y yo te digo, no hay ningún lugar adonde ir. Aquí está todo. La existencia entera culmina en este momento, converge en este momento. Toda la existencia ya está volcándose en este momento. Todo lo que es, está vertiéndose en este momento; está aquí y ahora. Un niño está simplemente disfrutando la energía. ¡Tiene tanta! Está corriendo no porque tiene que llegar a algún lugar, sino porque tiene demasiada; tiene que correr.

> ❧
>
> Actúa sin motivación, como un rebosar de tu energía. Comparte pero no comercies, no regatees. Da porque tienes, no des para recibir en compensación, porque entonces vivirás en el sufrimiento. Todos los comerciantes van al Infierno.

Actúa sin motivación, como un rebosar de tu energía. Comparte pero no comercies, no regatees. Da porque tienes, no des para recibir en compensación; porque entonces vivirás en el sufrimiento. Todos los comerciantes van al Infierno. Si quieres encontrar a los comerciantes y a los negociantes más grandes vete al Infierno, los encontrarás allí. El Cielo no es de los comerciantes, el Cielo es de los celebrantes.

En la teología cristiana, una y otra vez, se ha preguntado desde hace siglos: «¿Qué hacen los ángeles en el Cielo?» Ésta es una pregunta importante para la gente ambiciosa: «¿Qué hacen los ángeles en el Cielo?» No parece que hagan nada, no hay nada que hacer. Alguien le preguntó al maestro Eckhart: —¿Qué hacen los ángeles en el Cielo?—. Él respondió: —¿Qué clase de imbécil eres? El Cielo es un lugar para celebrar. No hacen nada. Simplemente celebran: celebran su gloria, su magnificencia, su poesía, su florecimiento. Cantan, bailan y celebran—. Pero no creo que esa persona quedara satisfecha con la respuesta del maestro Eckhart, porque para nosotros una actividad tiene importancia sólo si te conduce a algún lugar, si tiene un objetivo.

Recuerda, la actividad está orientada a un objetivo, la acción no. La acción es un desbordar de la energía. La acción es en este momento una respuesta, sin preparación, sin ensayo. La existencia entera se encuentra contigo, te confronta, y surge una respuesta. Los pájaros están cantando y tú te pones a cantar; no es una actividad. De repente sucede. De repente te das cuenta de que está sucediendo, has comenzado a canturrear; esto es acción.

Y si te involucras cada vez más en la acción y cada vez menos en la actividad, tu vida cambiará y se convertirá en una profunda relajación. Entonces «haces» pero sigues relajado. Un buda nunca está cansado. ¿Por qué? Porque no es el hacedor. Todo lo que tiene, lo da, se desborda.

No hagas nada con el cuerpo sino relajarte; cierra la boca con firmeza y permanece en silencio. La boca es realmente muy importante, porque es donde apareció la primera actividad; tus labios

> Si te involucras cada vez más en la acción y cada vez menos en la actividad, tu vida cambiará y se convertirá en una profunda relajación. Entonces «haces» pero sigues relajado. Un buda nunca está cansado. ¿Por qué? Porque no es el hacedor. Todo lo que tiene, lo da, se desborda.

iniciaron la primera actividad. Alrededor del área de la boca está el comienzo de todas las actividades; inspiraste, gritaste, empezaste a buscar el pecho de tu madre. Y tu boca siempre está en una actividad frenética. Por eso Tilopa sugiere: «Entiende la actividad, entiende la acción, relájate, y..., *cierra la boca con firmeza.*»

Siempre que te sientes a meditar, siempre que quieras estar en silencio, lo primero es cerrar tu boca completamente. Si cierras la boca completamente, tu lengua tocará el cielo del paladar; los labios estarán completamente cerrados y la lengua estará en contacto con el cielo del paladar. Ciérrala completamente; pero esto sólo se puede hacer si has hecho caso a todo lo que te he estado diciendo, no antes. Lo puedes hacer, cerrar la boca no es un gran esfuerzo. Te puedes sentar como una estatua con la boca completamente cerrada, pero eso no detendrá tu actividad. Muy dentro de ti seguirás pensando, y si sigues pensando sentirás sutiles vibraciones en los labios. Quizá otros no sean capaces de observarlas porque son muy sutiles, pero si estás pensando tus labios tiemblan un poco; un temblor muy sutil.

Cuando te relajas de verdad, el temblor desaparece. No estás hablando, no estás haciendo ninguna actividad en tu interior. «Cierra la boca con firmeza y permanece en silencio»; y entonces no pienses.

¿Qué es lo que harás? Los pensamientos van y vienen. Permítelo, eso no es un problema. No te involucres; permanece distante, separado. Observa simplemente cómo vienen y van, no son asunto tuyo. Cierra la boca y permanece en silencio. Poco a poco, los pensamientos cesarán automáticamente; para estar allí necesitan de tu cooperación. Si cooperas, estarán allí; si luchas, entonces también estarán allí, porque ambas son formas de cooperar, una a favor, otra en contra. Ambas son tipos de actividad. Simplemente observa.

Pero tener la boca cerrada ayuda mucho.

Por eso primero, lo he estado observando en mucha gente, te sugiero que primero bosteces. Abre la boca todo lo que puedas, tensa la boca todo lo que puedas, bosteza completamente; aun si te empieza a doler. Hazlo dos o tres veces. Eso ayudará a la boca a permanecer cerrada durante más tiempo. Y luego durante dos o tres minutos, di galimatías en voz alta, tonterías. Todo lo que te venga a la mente, dilo en voz alta y disfrútalo. Luego cierra la boca.

Es más fácil hacerlo desde el extremo opuesto. Si quieres relajar la mano, es mejor que primero la tenses todo lo posible; aprieta el puño y deja que se tense todo lo posible. Haz justo lo opuesto y luego relájate. Y entonces conseguirás una relajación más profunda del sistema nervioso. Haz gestos, pon caras, mueve la cara, distorsiona, bosteza, di tonterías durante dos o tres minutos; y después cierra la boca y esta tensión te dará la posibilidad de relajar los labios y la cara más profundamente. Cierra la boca y sé un observador. Pronto el silencio descenderá sobre ti.

Existen dos tipos de silencio. Uno es el silencio que puedes forzar tú mismo. Ése no es algo demasiado agraciado. Es un tipo de violencia, es como si violaras a la mente; es agresivo. Luego hay otro tipo de silencio que desciende sobre ti, igual que desciende la noche. Cae sobre ti, te envuelve. Tú simplemente creas la posibilidad para que ocurra, la receptividad, y ocurre. Cierra la boca, observa, no trates de estar en silencio. Si lo intentas puedes forzar el silencio unos segundos pero no tendrán ningún valor; por dentro seguirás hirviendo. De modo que no trates de estar en silencio. Simplemente crea la situación, el terreno, planta la semilla y espera.

Vacía tu mente y no pienses en nada.

¿Qué harás para vaciar la mente? Llegan los pensamientos, tú observas. Y hay que observar con precaución: la observación debe de ser pasiva, no activa. Éstos son mecanismos sutiles y tienes que entenderlo todo, si no te extraviarás en cualquier lugar. Y si te extravías en el más mínimo punto, cambiará la calidad de todo el asunto.

Observa; observa pasivamente, no activamente. ¿Cuál es la diferencia?

Estás esperando a tu novia, o a tu amante; entonces estás observando activamente. En ese momento pasa alguien por la puerta y vas a mirar si ha llegado. Sientes que quizá haya llegado y sólo son unas hojas revoloteando en el viento. Tú sigues yendo a mirar; tu mente está muy ansiosa, activa. No, eso no ayudará. Si estás demasiado ansioso y demasiado activo eso no te traerá el silencio del que te estoy hablando.

Sé pasivo; como cuando te sientas a la orilla de un río y el río pasa a tu lado y tú simplemente observas. No hay ansiedad, no hay urgencia, no hay una emergencia. Nadie te está obligando. Aunque no lo consigas, no te pierdes nada. Simplemente observas, sólo miras. Incluso la palabra «observar» no es buena, porque la misma palabra «observar» te da la sensación de ser activo. Simplemente observas, sin tener que hacer nada. Te sientas a la orilla del río, miras, y el río sigue fluyendo. O, miras al Cielo y las nubes pasan flotando. Y pasivamente; esta pasividad es esencial. Esto tiene que ser entendido, porque tu obsesión por la actividad puede convertirse en impaciencia, puede convertirse en una espera activa. Entonces no has entendido la idea; entonces la actividad ha entrado de nuevo por la puerta de atrás. Sé un observador pasivo. *Vacía tu mente y no pienses en nada*.

Esta pasividad automáticamente vaciará tu mente. Las ondas de actividad, las ondas de energía mental, poco a poco amainarán y toda la superficie de tu conciencia estará sin olas, sin ninguna onda. Se convierte en un espejo silencioso.

Tilopa continúa diciendo:

Como un bambú hueco, descansa a gusto con tu cuerpo.

Éste es uno de los métodos especiales de Tilopa. Cada maestro tiene su propio método especial, con el que se ha realizado, y a través del cual le gustaría ayudar a otros. Ésta es la especialidad de Tilopa: *Como un bambú hueco, descansa a gusto con tu cuerpo;* un bambú, completamente hueco por dentro. Cuando descansas, sientes que eres como un bambú, completamente hueco y vacío por dentro. Y de hecho éste es el caso: tu cuerpo es igual que un bambú y por dentro está hueco. Tu piel, tus huesos, tu sangre, todas son partes del bambú y dentro hay espacio, una oquedad.

Cuando estás sentado con la boca completamente en silencio, inactiva, la lengua tocando el cielo del paladar y en silencio, sin el trepidar de los pensamientos —la mente observa pasivamente, sin esperar a nada en particular— siente que eres como un bambú hueco. Y de repente una infinita energía empieza a verterse en tu interior. Te llenas de lo desconocido, de lo misterioso, de lo divino. Un bambú hueco se convierte en una flauta y lo divino empieza a tocar a través de él. Una vez que estás vacío entonces no hay ninguna barrera para que lo divino entre en ti.

Intenta esto; ésta es una de las meditaciones más bellas, la meditación de convertirse en un bambú hueco. No necesitas hacer nada más. Te conviertes en eso: y todo lo demás sucede. De repente sientes que algo está descendiendo en esa oquedad. Eres como un útero y una nueva vida está entrando en ti, está cayendo una semilla. Y llega un momento en el que el bambú desaparece completamente.

Como un bambú hueco, descansa a gusto con tu cuerpo. Descansa tranquilamente; no desees cosas espirituales, no desees el Cielo, no desees ni siquiera a Dios. No se puede desear a Dios; cuando no tienes deseos viene a ti. No se puede desear la liberación, porque el deseo es la esclavitud. Cuando no tienes deseos te has liberado. La budeidad no puede desearse, porque desear es el obstáculo. Cuando no está la barrera, de repente el buda explota en ti. Ya tienes la semilla. Cuando estás vacío, cuando hay espacio, explota la semilla.

Tilopa dice:

> Como un bambú hueco, descansa a gusto con tu cuerpo. Sin dar ni tomar, pon tu mente a descansar.

No hay nada que dar, no hay nada que tomar. Todo es absolutamente correcto como está. No hace falta ni dar ni tomar. Eres absolutamente perfecto como eres.

Esta enseñanza de Oriente ha sido muy malentendida en Occidente, porque dicen: «¿Qué tipo de enseñanza es ésta? Entonces la gente no se esforzará, no tratarán de ir más alto. Entonces no harán ningún esfuerzo para cambiar su carácter, para transformar sus malos modos en buenos modos. Entonces quizá se conviertan en víctimas del diablo.» En Occidente el eslogan es: «Mejórate a ti mismo»; en términos de este mundo o en términos del otro, pero mejora. ¿Cómo mejorar? ¿Cómo hacerse cada vez mejor y más grande?

En Oriente lo entendemos de un modo más profundo, ese mismo esfuerzo de «llegar a ser» es la barrera; porque tú ya llevas tu ser contigo. No necesitas llegar a ser nada; simplemente realiza quien eres, eso es todo. Realiza quien está escondido dentro de ti. Si mejoras, mejores lo que mejores, siempre estarás angustiado y ansioso porque el mismo esfuerzo de mejorar te está llevando por un camino equivocado. Le da importancia al futuro, le da importancia a tu meta, le da importancia a los ideales, y entonces tu mente empieza a desear.

> Ese mismo esfuerzo de «llegar a ser» es la barrera; porque tú ya llevas tu ser contigo. No necesitas llegar a ser nada; simplemente realiza quien eres, eso es todo. Realiza quien está escondido dentro de ti.

Si deseas, fracasas. Deja que la mente se aplaque, deja que se convierta en una silenciosa reserva de no-deseo; y de repente te sorprendes, sin esperarlo está ahí. Y echarás una carcajada como la de Bodhidharma. Los seguidores de Bodhidharma dicen que cuando vuelves a estar en silencio, puedes escuchar el rugido de su carcajada. Todavía se está riendo. No ha dejado de reírse desde entonces. Se echó a reír porque: «¿Qué clase de chiste es éste? ¡Tú ya eres aquello que estás tratando de llegar a ser! ¿Cómo vas a tener éxito si ya eres eso y estás tratando de convertirte en eso? Tu fracaso está absolutamente garantizado. ¿Cómo puedes convertirte en lo que ya eres?» Por eso Bodhidharma se rió.

Bodhidharma fue exactamente contemporáneo de Tilopa. Se podrían haber conocido, quizá no físicamente, pero se debían de conocer; su ser tenía la misma cualidad.

Tilopa dice:

Sin dar ni tomar, pon tu mente a descansar. Mahamudra es como una mente que se aferra a la nada.

Si no te aferras te realizas; si tienes la nada en tus manos, te has realizado.

Mahamudra es como una mente que se aferra a la nada. Practicando esto, a su debido tiempo alcanzarás la budeidad.

Entonces ¿qué es lo que hay que practicar? Estar cada vez más a gusto. Estar cada vez más aquí y ahora. Estar cada vez más en la acción, y cada vez menos en la actividad. Estar cada vez más hueco, vacío, pasivo. Ser cada vez más un observador; indiferente, sin esperar nada, sin desear nada. Ser feliz contigo mismo como eres. Estar celebrando.

Y entonces en cualquier momento, cuando todo madura y llega la estación adecuada, floreces como un buda.

ACTÚA EN ARMONÍA CON LA NATURALEZA

La creatividad es un estado del ser y de la conciencia muy paradójico. Su acción a través de la inactividad es lo que Lao Tzu denomina *wei-wu-wei*. Es permitir que algo suceda a través tuyo. No es hacer, es permitir. Es convertirte en un conducto para que la totalidad pueda fluir a través tuyo. Es convertirte en un bambú hueco, sólo un bambú hueco.

Y entonces inmediatamente empieza a suceder algo, porque oculto detrás del hombre está Dios. Hazle un poco de sitio, un pequeño conducto para que pase a través de ti. Eso es creatividad; permitir que Dios suceda es creatividad. La creatividad es un estado religioso.

Por eso digo que un poeta está mucho más cerca de Dios que un

> Cuanto más piensas, más eres. El ego no es otra cosa que todos los pensamientos acumulados en el pasado. Cuando tú no eres, Dios es. Eso es creatividad.

teólogo, un bailarín está todavía más cerca. El filósofo es el que está más alejado, porque cuanto más piensas, más grande es el muro que creas entre tú y la totalidad. Cuanto más piensas, más eres. El ego no es otra cosa que todos los pensamientos acumulados en el pasado. Cuando tú no eres, Dios es. Eso es creatividad.

Creatividad significa que estás en total relajación. No quiere decir inactividad, quiere decir relajación; porque partiendo de la relajación nacerá mucha acción. Pero no la harás tú, sólo serás un vehículo. Comenzará a surgir una canción a través de ti; tú no eres el creador, viene del más allá. Siempre viene del más allá. Cuando tú la creas, es ordinaria, mundana. Cuando viene *a través* de ti, tiene una belleza suprema, trae en ello algo de lo desconocido.

Cuando el gran poeta Coleridge murió dejó miles de poemas sin terminar. Muchas veces en su vida le preguntaron: «¿Por qué no terminas esos poemas?», porque en algunos de los poemas sólo le faltaban una o dos líneas. «¿Por qué no los terminas?»

> La naturaleza le da energía creativa a todo el mundo. Se vuelve destructiva sólo cuando es obstaculizada, cuando no se permite su flujo natural.

Y él decía: «No puedo. Lo he intentado, pero cuando los termino algo va mal, algo no funciona. Mi línea nunca está en sintonía con lo que ha venido a través de mí. Se queda como un bloque atascado, se vuelve una roca, obstaculiza el fluir. Por eso tengo que esperar. Quien sea que ha estado fluyendo a través de mí, siempre que empieza de nuevo a fluir y termina el poema quedará terminado, no antes de eso.»

Sólo terminó algunos poemas. Pero ésos son magníficos, de un gran esplendor místico. Siempre ha sido así: el poeta desaparece, entonces hay creatividad. Entonces es poseído. Sí, ésta es la palabra, es poseído. Ser poseído por Dios es creatividad.

Simone de Beauvoir ha dicho: «La vida se ocupa de ambas cosas, perpetuarse a sí misma y superarse a sí misma; si todo lo que hace es mantenerse a sí misma, entonces vivir sólo es no morir.» Y el hombre que no es creativo sólo está no muriendo, eso es todo. Su vida no tiene profundidad. Su vida no es todavía vida sino sólo el prólogo; el libro de su vida no ha empezado todavía. Ha nacido, es cierto, pero no está vivo.

Cuando te vuelves creativo, cuando permites que la creatividad suceda a través tuyo, cuando empiezas a cantar una canción que no es tuya, cuando no puedes firmarla, no puedes decir «es mía», en la que no puedes poner tu firma, entonces a la vida le crecen alas, renace. En la creatividad está la superación. De otra manera, como mucho podemos perpetuarnos a nosotros mismos. Tienes un hijo; no es creatividad. Morirás y el niño se quedará aquí para perpetuar la vida. Pero perpetuar no es suficiente a menos que empieces a superarte a ti mismo; y la superación sólo se produce cuando algo del más allá entra en contacto contigo.

Éste es el punto de la transcendencia; la superación. Y en la superación, el milagro se produce: no eres, y al mismo tiempo por primera vez eres.

La esencia de la sabiduría está en actuar en armonía con la naturaleza. Ése es el mensaje de todos los grandes místicos —Lao Tzu, Buda, Bahauddin, Sosan, Sanai—, actuar en armonía con la naturaleza. Los animales actúan inconscientemente en armonía con la naturaleza. El hombre tiene que actuar conscientemente en armonía con la naturaleza, porque el hombre tiene conciencia. El hombre puede escoger no actuar en armonía, de ahí su gran responsabilidad.

El hombre es responsable. Sólo el hombre es responsable, ésa es su grandeza. Ningún otro animal es responsable; simplemente actúa en armonía, no tiene forma de equivocarse. El animal no puede equivocarse; no es todavía capaz de equivocarse, todavía no tiene conciencia. Funciona como tú funcionas en el sueño profundo.

En el sueño profundo entras en armonía con la naturaleza. Por eso el sueño profundo es tan rejuvenecedor, tan relajante. Bastan unos minutos de sueño profundo y de nuevo estás fresco y rejuvenecido, todo el polvo que habías reunido, todo el cansancio y el aburrimiento desaparecen. Te has puesto en contacto con la fuente.

Pero ésta es una manera animal de contactar con la fuente; el sueño es una manera animal de contactar con la fuente. Los animales son horizontales, el hombre es vertical. Cuando quieres dormir tienes que colocarte en una posición horizontal. Sólo puedes quedarte dormido en una posición horizontal; no puedes quedarte dormido de pie, será muy difícil. Tienes que regresar millones de años hacia atrás, igual que un animal. Estás horizontal, paralelo a la tierra; de repente empiezas a perder la conciencia, de repente dejas de ser responsable.

Sigmund Freud escogió el diván para sus pacientes por esta razón. No es por la comodidad del paciente, es una estrategia. Una vez que el paciente está horizontal empieza a dejar de sentirse responsable. Y a menos que se sienta totalmente libre para hablar no dirá cosas inconscientes. Si sigue siendo responsable y vertical estará continuamente juzgando si debe decir algo o no. Se estará censurando. Cuando está tumbado horizontal en el diván —y el psicoanalista está escondido detrás de él, no lo puedes ver—, de repente vuelve a ser como un animal, no tiene responsabilidad. Empieza a balbucear cosas que nunca hubiera dicho a nadie, a un extraño. Empieza a decir cosas que están en lo profundo de su inconsciente; esas cosas inconscientes empiezan a aflorar. Es una estrategia, una estrategia freudiana para dejar al paciente totalmente indefenso, como un niño o como un animal.

Una vez que no dejas de sentirte responsable te vuelves natural. Y la psicoterapia ha sido de gran ayuda; te relaja. Todo lo que has reprimido aflora, y después de aflorar se evapora. Después de ir a través del psicoanálisis estás menos cargado, te vuelves más natural, estás más en armonía con la naturaleza y contigo mismo. Eso es lo que significa estar sano.

Pero esto es retroceder, esto es una regresión. Es ir al sótano. Existe otra manera de superarse, y ésta es subir al ático; no como lo haría Sigmund Freud sino como lo haría Buda. Estando en contacto conscientemente con la naturaleza te puedes superar a ti mismo.

Y ésa es la esencia de la sabiduría, estar en armonía con la naturaleza, con el ritmo natural del universo. Y siempre que estás en armonía con el ritmo natural del universo eres un poeta, eres un pintor, eres un músico, eres un bailarín.

Inténtalo. En alguna ocasión sentado junto a un árbol armonízate conscientemente. Hazte uno con la naturaleza; deja que las barreras se disuelvan. Vuélvete un árbol, vuélvete la hierba, vuélvete el viento y de repente verás cómo te sucede algo que nunca te había sucedido hasta entonces. Tus ojos se vuelven psicodélicos: los árboles los ves más verdes que nunca, las rosas más rosas y todo parece ser luminoso. De repente quieres cantar una canción sin saber de dónde viene. Tus pies están listos para bailar; puedes sentir el baile murmurando dentro de tus venas, puedes escuchar el sonido de la música en tu interior y en el exterior.

> La esencia de la sabiduría es estar en armonía con la naturaleza, con el ritmo natural del universo. Y siempre que estás en armonía con el ritmo natural del universo eres un poeta, eres un pintor, eres un músico, eres un bailarín.

Éste es el estado de la creatividad. Se puede decir que ésta es la cualidad básica: estar en armonía con la naturaleza, estar sintonizado con la vida, con el universo.

Lao Tzu le ha dado un hermoso nombre, *wei-wu-wei*, acción a través de la inacción.

Ésa es la paradoja de la creatividad. Si ves a un pintor pintando, evidentemente está activo, totalmente activo, locamente activo; es pura acción. O si ves a un bailarín bailando, es todo acción.

Pero aun así, en su interior no hay un actor, no hay un hacedor; sólo hay silencio. Por eso digo que la creatividad es un estado paradójico.

Todos los estados bellos son paradójicos. Cuanto más te elevas, más profundamente entras en la paradoja de la realidad. Acción suprema con relajación suprema; en la superficie está sucediendo una gran acción, en lo profundo no está sucediendo nada, o sólo está sucediendo la nada.

> ᜒ
>
> Si ves a un pintor pintando, evidentemente está activo, totalmente activo, locamente activo; es pura acción. O si ves a un bailarín bailando, es todo acción. Pero aun así, en su interior no hay un actor, no hay un hacedor; sólo hay silencio. Por eso digo que la creatividad es un estado paradójico.

Ceder ante un poder que no es el nuestro, rendirse a un poder que está más allá de nosotros, es creatividad. La meditación es creatividad. Y cuando el ego desaparece, tu herida desaparece; te has curado, eres total. El ego es tu enfermedad. Y cuando el ego desaparece dejas de estar inactivo, empiezas a fluir. Empiezas a fluir con el inmenso fluir de la existencia.

Norbert Weinder ha dicho: «Nosotros no somos una materia que perdure, sino patrones que se perpetúan a sí mismos, torbellinos de agua en un río siempre fluyendo.» Entonces no eres un ego sino un acontecimiento, o un suceder de acontecimientos. Entonces eres un proceso, no un objeto. La conciencia no es un objeto, es un proceso; y nosotros la hemos convertido en un objeto. En el momento que la llamas «Yo» se convierte en un objeto; definido, limitado, inactivo, estancado, y empiezas a morir.

El ego es tu muerte y la muerte del ego es el inicio de tu vida real. La vida real es creatividad.

No necesitas ir a ninguna escuela a aprender creatividad. Todo lo que necesitas es ir hacia dentro y ayudar a que el ego se disuelva. No lo apoyes, no sigas dándole fuerza y alimentándolo. Y siempre que el ego no está, todo es verdad, todo es bello. Entonces, pase lo que pase, es bueno.

No estoy diciendo que todos llegaréis a ser Picassos o Shakespeares, no estoy diciendo eso. Algunos de vosotros os convertiréis en pintores, otros os convertiréis en cantantes, otros os convertiréis en músicos, otros en bailarines; pero no se trata de eso. Cada uno de vosotros se volverá creativo a su manera. Quizá seas un cocinero, pero entonces serás creativo. O quizá sólo seas el empleado de la limpieza, pero entonces serás creativo.

No te aburrirás. Te volverás original en cosas pequeñas. Hasta limpiar será una especie de adoración, de oración, de modo que entonces todo lo que hagas tendrá el sabor de la creatividad. Y no necesitamos muchos pintores; si todos acabamos siendo pintores, la vida se volverá muy complicada. No necesitamos tantos poetas; también necesitamos jardineros, también necesitamos granjeros, necesitamos todo tipo de personas. Pero cada persona puede ser creativa. Si es meditativa y carece de ego, Dios comienza a fluir a través de él. De acuerdo a sus capacidades, de acuerdo a su potencial, Dios empieza a adoptar formas. Y entonces todo está bien.

No necesitas llegar a ser famoso. A una persona verdaderamente creativa no le importa en absoluto llegar a ser famosa; no le hace falta. Está tremendamente satisfecha con todo lo que hace, está tan contenta siendo lo que es y estando en donde está que ni se plantea el desear otra cosa. Cuando eres creativo los deseos desaparecen. Cuando eres creativo la ambición desaparece. Cuando eres creativo ya estás donde siempre querías haber estado.

Los cinco obstáculos

⁂

La naturaleza le da energía creativa a todo el mundo.
Se vuelve destructiva sólo cuando es obstaculizada, cuando
no se permite su flujo natural.

EGOCENTRISMO

E L EGOCENTRISMO es una enfermedad. La conciencia es salud, el egocentrismo es enfermedad; algo ha ido mal. Ha aparecido un problema, algún complejo. El río de la conciencia no está fluyendo naturalmente; algo ajeno se ha introducido en el río de la conciencia. Algo extraño, algo que no puede ser absorbido por el río, algo que no puede formar parte del río…, algo que se resiste a formar parte del río.

El egocentrismo es patológico. El egocentrismo es estar congelado, bloqueado. Es como un estanque sucio; no va a ninguna parte, se está secando, se está evaporando y muriendo. Por supuesto, apesta.

Por eso lo primero que hay que entender es la diferencia entre egocentrismo y conciencia.

La conciencia no tiene noción del «Yo», del ego. No tiene noción de la separación entre uno y la existencia. No conoce ninguna barrera, no conoce ningún límite. Es una con la existencia, está en profunda unidad. No hay conflicto entre el individuo y la totalidad. Uno simplemente fluye en la totalidad, y la totalidad fluye a través de uno. Es como respirar: inhalas, exhalas. Cuando inhalas la totalidad entra en ti, cuando exhalas tú entras en la totalidad. Es un flujo constante, un constante compartir. La totalidad sigue dándote y tú sigues dándole a la totalidad. Nunca se pierde el equilibrio.

Pero en una persona egocéntrica algo ha fallado. Toma pero nunca da. Va acumulando y es incapaz de compartir. Va demarcando límites a su alrededor para que nadie pueda traspasarlos. Va colocando señales alrededor de su ser: «Prohibido el paso.» Poco a poco se convierte en una tumba, en un ser muerto; porque la vida consiste en compartir.

Un *yo* es algo muerto, está vivo sólo de nombre. La conciencia es vida infinita, vida abundante. No tiene límites. Pero normalmente todo el mundo es egocéntrico.

Ser egocéntrico es ser inconsciente. Hay que entender esta paradoja: ser egocéntrico es ser inconsciente, y no ser egocéntrico —o no ser consciente de este *yo*— es hacerte consciente. Y cuando no hay un *yo*, cuando este pequeño, este minúsculo *yo* desaparece, alcanzas el verdadero ser con *S* mayúscula; llámalo el ser supremo, o el ser de todos.

De modo que éste es ambos: es no-ser en el sentido de que no sólo es tuyo, y es el ser supremo, porque es el ser de todos. Pierdes tu minúsculo centro y alcanzas el centro mismo de la existencia. Repentinamente te vuelves infinito; de repente dejas de estar atado, dejas de tener una jaula alrededor de tu ser, y comienza a fluir a través de ti un poder infinito. Te conviertes en un vehículo; limpio, sin obstrucciones. Te conviertes en una flauta y Krisna puede cantar a través tuyo. Te conviertes en un conducto; vacío, sin nada propio. Esto es lo que yo llamo rendición.

El egocentrismo es una actitud en contra de la rendición; es una actitud de conflicto, lucha, pelea. Si estás luchando con la existencia serás egocéntrico y, por supuesto, siempre serás derrotado. Cada paso va a ser un paso más hacia la derrota. Tu frustración está garantizada, estás condenado al fracaso desde el principio porque no puedes mantener a este ser en contra del universo. Es imposible, no puedes existir separadamente. No puedes ser un monje.

La palabra «monje» está bien. Debes conocer palabras parecidas que vienen de la misma raíz, como «monopolio», «monasterio» o «monólogo». Un monje es uno que está tratando de ser él mismo, que está tratando de definir sus límites y que está tratando de existir separado de toda esta existencia. Todo su esfuerzo es egoísta. Está destinado a fracasar; ningún monje puede triunfar jamás.

Sólo puedes tener éxito con Dios, nunca en su contra. Sólo puedes tener éxito si estás con la totalidad, nunca en su contra. Por eso, si te sientes frustrado, profundamente desgraciado, recuerda: tú estás creando esa desgracia. Y la estás creando con un truco sutil: estás luchando en contra de la totalidad.

Sucedió —debía de ser la estación de las lluvias— que el río de la aldea se había desbordado. La gente fue corriendo a ver a Mulla Nasruddin y le dijo: —Tu mujer se ha caído al río desbordado. ¡Corre! ¡Sálvala!

Nasruddin corrió. Se tiró al río y empezó a nadar contra corriente. La gente que se había congregado para mirar le gritó: —¿Qué estás haciendo, Nasruddin? Tu mujer no puede ir en contra de la corriente; la corriente la lleva hacia abajo.

> ⌇
>
> Sólo puedes tener éxito con Dios, nunca en su contra. Sólo puedes tener éxito si estás con la totalidad, nunca en su contra.

Nasruddin dijo: —¿De qué estáis hablando? Conozco a mi mujer, ¡sólo puede ir *contracorriente*!

El ego es siempre un esfuerzo para ir contracorriente. A la gente no le gusta hacer cosas fáciles. Antes de poder hacerlas trata de volverlas más difíciles, más complicadas. La gente disfruta haciendo cosas difíciles. ¿Por qué? Porque cuando te enfrentas con algo difícil, tu ego se vuelve sutil, sagaz; hay un desafío.

Cuando el primer grupo alcanzó la cima del Everest, alguien le preguntó a Edmund Hillary: —¿Por qué has corrido un riesgo tan grande? Era peligroso; muchos otros han muerto antes que tú y no han sido capaces de llegar. —Y la persona que le estaba preguntando era incapaz de entender por qué la gente sigue tratando de subir al Everest y pierde su vida. ¿Qué sentido tiene? ¿Qué está buscando?

Se cuenta que Edmund Hillary respondió: —No podemos descansar mientras el Everest siga sin ser conquistado. ¡Lo tenemos que conquistar! No hay ningún beneficio implícito en ello, pero la presencia misma del Everest sin conquistar es un desafío. ¿Para quién es un desafío? Para el ego.

> A la gente no le gusta hacer cosas fáciles. Antes de poder hacerlas trata de volverlas más difíciles, más complicadas. La gente disfruta haciendo cosas difíciles. ¿Por qué? Porque cuando te enfrentas con algo difícil, tu ego se vuelve sutil, sagaz, hay un desafío.

Fíjate en tu vida; estás haciendo muchas cosas sólo a causa del ego. Quieres construir una gran casa; podrías estar perfectamente cómodo en tu casa actual, pero quieres construir un gran palacio. El gran palacio no es para ti, el gran palacio es para tu ego. Podrías estar perfectamente cómodo como estás, pero sigues acumulando dinero; ese dinero no es para ti, ese dinero es para tu ego. ¿Cómo puedes descansar antes de haberte convertido en el hombre más rico del mundo?

Pero ¿qué vas a hacer convirtiéndote en el hombre más rico del mundo? Serás cada vez más desgraciado; porque del conflicto sólo sale la desgracia. La desgracia es la indicación de que tienes un conflicto. De modo que no eches la culpa a otra cosa. La gente es muy buena racionalizando. Si son desgraciados dirán: «¿Qué podemos hacer? Nuestra desgracia se debe a los karmas de vidas pasadas.» ¡Todo basura! Los karmas de vidas pasadas te han debido de hacer desgraciado, pero ¡en las vidas pasadas! ¿Por qué deberían de esperar hasta hoy? No tiene sentido esperar. ¡Tus karmas *presentes* te están haciendo desgraciado! Echar la culpa a las vidas pasadas te hace todo más fácil; ¿qué puedes hacer? Tienes que ser de la manera que eres, no puedes hacer nada. El pasado no se puede deshacer, no lo puedes eliminar con sólo mover una mano. No hay un truco mágico que pueda ayudarte a borrar el pasado. Ha sucedido y ha sucedido para siempre; ahora va a quedar como un absoluto, no hay posibilidad de cambiarlo. Eso te libera de la carga y piensas: «De acuerdo, tengo que ser desgraciado por culpa de karmas pasados.»

Puedes echarle la culpa al diablo, como hacen los cristianos. Los hindúes le echan la culpa a los karmas pasados y los cristianos le echan la culpa al diablo; debe estar tendiéndote trampas. No eres tú, es el diablo quien te tiene atrapado en tus desgracias y quien sigue tirando de ti hacia el Infierno.

¿A quién le importas tú? ¿Por qué debería el diablo preocuparse de ti?

Después están los marxistas, los comunistas y los socialistas, que dicen que es la estructura social, el sistema económico, quien hace a la gente desgraciada. Después están los freudianos, los psicoanalistas que dicen que es la relación de la madre con el niño. Pero siempre es otra cosa, nunca eres tú. Nunca eres tú en el presente.

> El primer cambio básico sucede cuando comienzas a olvidarte de este conflicto con la existencia. Eso es lo único que quieren decir todas las grandes religiones cuando enfatizan: «Renuncia al ego.» Te están diciendo: «Renuncia al conflicto.»

A mí me gustaría decirte que eres tú. Si eres desgraciado, tú y sólo tú eres responsable. Ni el pasado ni la estructura social ni el sistema económico; nada te va ayudar. Si tú sigues siendo tú, seguirás siendo desgraciado en cualquier tipo de sociedad. En cualquier sistema económico seguirás siendo desgraciado, en cualquier mundo seguirás siendo desgraciado; si tú sigues siendo tú.

El primer cambio básico sucede cuando comienzas a olvidarte

de este conflicto con la existencia. Eso es lo único que quieren decir todas las grandes religiones cuando enfatizan: «Renuncia al ego.» Te están diciendo: «Renuncia al conflicto.» Me gustaría que lo recordaras más, porque «abandona el ego» es demasiado metafísico. ¿Ego? ¿Dónde está el ego? ¿Qué es el ego? Parece que conoces esta palabra, aparentemente te es muy familiar, pero es muy imprecisa, no puedes comprenderla. Me gustaría simplificarlo: renuncia al conflicto, porque el ego es el resultado de tu actitud conflictiva.

> El ego no es otra cosa que todas las tensiones que has creado alrededor de ti mismo. Y en primer lugar no hace falta fabricarlo; pero ¿por qué el hombre sigue fabricándolo? Debe de haber alguna razón.

La gente habla de conquistar la naturaleza, la gente habla de conquistar esto y aquello; ¿cómo puedes conquistar la naturaleza? Eres parte de ella. ¿Cómo una parte puede conquistar el todo? Mira qué tontería, qué estupidez. Puedes estar en armonía con la totalidad o puedes estar en conflicto con la totalidad, en disonancia. La falta de armonía da como resultado la desgracia; la armonía da como resultado la dicha. La armonía da como resultado un profundo silencio, alegría, disfrute. El conflicto da como resultado ansiedad, angustia, estrés, tensión.

El ego no es otra cosa que todas las tensiones que has creado alrededor de ti mismo. Y en primer lugar no hace falta fabricarlo; pero, ¿por qué el hombre sigue fabricándolo? Debe de haber alguna razón. ¿Por qué todo el mundo continúa fabricando un *yo*? El verdadero *yo* es desconocido, ésa es la razón. Y es muy difícil vivir sin un *yo*, por eso creamos un pseudo-*yo*, un sustituto para el *yo*. El verdadero *yo* es desconocido.

De hecho, el verdadero *yo* nunca se llega a conocer del todo; permanece misterioso, permanece inexpresable, indefinible. El verdadero *yo* es tan vasto que no lo puedes definir, y tan misterioso que no puedes penetrar hasta su núcleo. El verdadero ser es el ser de la totalidad. Para el intelecto humano no es posible penetrar en él, reflexionar sobre él, contemplarlo.

He escuchado una famosa historia de un hombre sabio que fue llamado para ver a Alejandro Magno. Y Alejandro le preguntó: —He oído que has llegado a saber qué es Dios, así que por favor dímelo. He estado buscando, y la gente dice que lo has conseguido, así que explícame quién es Dios, qué es Dios.

Se cuenta que el sabio le dijo: —Dame por lo menos veinticuatro horas para pensarlo.

Pasaron las veinticuatro horas y Alejandro estaba esperando muy ansioso. El sabio vino y le dijo: —Necesito siete días.

Y después pasaron los siete días y Alejandro estaba muy impaciente. El sabio vino y le dijo: —Necesito un año.

Alejandro contestó: —¿Qué quieres decir con que necesitas un año? ¿Lo sabes o no lo sabes? Si lo sabes, lo sabes; dímelo. ¿Por qué malgastar el tiempo?

El sabio se echó a reír y le dijo: —Cuanto más pienso sobre ello, más grande es la incógnita. Cuanto más sé, más difícil se hace decir qué sé. Durante veinticuatro horas lo estuve intentando, y empezó a escurrírseme de las manos. Es muy elusivo; es como el mercurio. Luego solicité siete días; eso no sirvió de nada. Ahora por lo menos un año y no estoy seguro de ser capaz de darte una definición.

El sabio hizo bien. Debía ser un verdadero sabio, porque no hay forma de definir el *yo* real. Pero el hombre no puede vivir sin un *yo*; ¡uno se siente tan vacío! Entonces uno se siente como una rueda sin eje; uno se siente como una circunferencia sin centro. No, es duro vivir sin un *yo*.

Conocer el verdadero *yo* es arduo; tienes que hacer un largo viaje para llegar a casa. Tienes que llamar a muchas puertas antes de llegar a la puerta correcta. El truco más sencillo es fabricar un falso *yo*. Es difícil cultivar rosas auténticas; puedes comprar rosas de plástico. A ti no te engañarán pero engañarán a tus vecinos. ¿No te parece? Ése es el punto de vista del *yo*, del ego.

No te puede engañar —tú mismo sabes que no sabes quién eres— pero por lo menos puedes engañar a tus vecinos. Por lo menos en el mundo externo tienes una determinada etiqueta, una identidad.

¿Has pensado alguna vez sobre esto? Si alguien te pregunta: «¿Quién eres tú?», ¿qué le respondes? Dices tu nombre. El nombre no es tuyo porque has llegado al mundo sin un nombre; llegaste anónimo. No te pertenece, te lo han dado. Y cualquier nombre, A-B-C-D, habría servido; es arbitrario. No es de ninguna manera esencial. Si te llaman «Ramón», está bien; si te llaman «Javier» también, no cambia nada. Te podrían haber puesto este nombre igual que cualquier otro. Es sólo una etiqueta. Hace falta un nombre para poder llamarte, pero no tiene nada que ver con tu ser.

> Es difícil cultivar rosas auténticas; puedes comprar rosas de plástico. A ti no te engañarán pero engañarán a tus vecinos. [...] Ése es el punto de vista del yo, del ego.

O responses: «Soy médico», o: «Soy ingeniero» —u hombre de negocios, o pintor, o esto y lo otro—, pero nada de esto está diciendo algo sobre ti. Cuando dices: «Soy médico», estás diciendo algo sobre tu profesión, no sobre ti. Estás diciendo cómo te ganas la vida. No dices nada sobre la vida, dices algo sobre tu forma de vivir. Podrías ganarte la vida como ingeniero, como médico o como hombre de negocios; carece de importancia. No dice nada de ti.

O dices el nombre de tu padre, el nombre de tu madre, tu árbol genealógico; eso también carece de importancia porque no te define. Es accidental que hayas nacido en una familia determinada; podrías haber nacido en otra familia y ni siquiera te habrías dado cuenta de la diferencia. Son sólo trucos prácticos para que el hombre se convierta en un *yo*. Este *yo* es un pseudo-*yo*, creado, manufacturado, casero. Y tu verdadero ser permanece escondido en la neblina y el misterio.

Estaba leyendo:

Un francés estaba cruzando el desierto con un guía árabe. Cada día sin excepción, el árabe se arrodillaba en la arena ardiente y rogaba a su Dios. Por fin una tarde el no creyente le dijo al árabe: —¿Cómo sabes que hay un Dios?

El guía echó durante un instante una mirada al chistoso y luego respondió: —¿Cómo sé que hay un Dios? ¿Cómo sé que la noche anterior pasó por aquí un camello y no un hombre? ¿No es por la huella de sus cascos en la arena? —Y señalando al sol cuyos últimos rayos estaban desvaneciéndose en el horizonte, añadió—: Ésa no es la huella de un hombre.

Tú no puedes fabricar tu *yo*, no puede ser artificial. Tu *yo* lo has traído contigo, eres tú. ¿Cómo puedes crearlo? Para crearlo tendrías que estar allí en primer lugar. Eso es lo que quieren decir los cristianos, los musulmanes, los hindúes, cuando dicen que el hombre es una criatura. Quiere decir que el hombre no se ha creado a sí mismo, eso es todo. El creador está oculto en algún lugar en lo desconocido. Hemos surgido de una misteriosa fuente de la vida. ¡Tu *yo* no es tuyo! Este falso *yo* no es tuyo porque tú lo hayas creado; y tu verdadero *yo* no es tuyo porque todavía está en Dios, todavía estás enraizado en Dios.

Este falso *yo* que llevamos con nosotros en nuestras vidas como una bandera está siempre en peligro de ser dañado. Es muy frágil, es muy débil; tiene que serlo, es artificial. ¿Cómo puede el hombre hacer algo inmortal? Él mismo tiene que ir a través de muchas muertes, por eso todo lo que produce siempre es mortal. De ahí el miedo, el continuo miedo: «Podría perderme. Mi identidad podría resultar destruida.» Un continuo miedo palpita en tu ser; nunca puedes estar seguro con este falso ser, sabes que es falso. Quizá no lo quieras reconocer, pero sabes que es falso. Ha sido aglutinado, manufacturado; es mecánico, no es orgánico.

¿Has observado la diferencia entre unidad orgánica y unidad mecánica? Tú puedes fabricar un motor de coche; puedes comprar las piezas en el mercado, puedes ensamblarlas y el motor empezará a funcionar como una unidad. O puedes comprar las piezas de una radio en el mercado y puedes ensamblarlas, y la radio empezará a funcionar como una unidad. De alguna forma parece tener una identidad. Ninguna pieza puede funcionar como una radio ella sola; todas las piezas juntas empiezan a funcionar como una radio. Aun así la unidad es mecánica, forzada desde el exterior. Pero cuando lanzas semillas a la tierra, esas semillas mueren en la tierra y aparece la planta; esta unidad es orgánica. No es forzada desde el exterior, la unidad estaba dentro de la misma semilla. La semilla sigue abriéndose, sigue reuniendo mil y una cosas de la tierra, el aire, el sol, del Cielo; pero la unidad viene desde dentro. Primero viene el centro y después la circunferencia. En una unidad mecánica primero viene la circunferencia y después el centro.

> *Si eres egocéntrico siempre tienes miedo, siempre estás temblando. Y siempre necesitas el apoyo de los demás, alguien que te aprecie, alguien que te aplauda, alguien que te diga lo guapo y lo inteligente que eres.*

El hombre es una unidad orgánica. Tú un día fuiste una semilla, como cualquier árbol; empezaste a reunir tu circunferencia en la tierra del vientre de tu madre. Primero vino el centro, el centro precedió a la circunferencia; y ahora te has olvidado del centro completamente. Vives en la circunferencia y te crees que es toda tu vida. Esta circunferencia, y el vivir siempre en ella, crea una especie de identidad, una identidad falsa, que te da una sensación de que sí eres alguien. Pero siempre está temblando porque no tiene una unidad orgánica.

De ahí el miedo a la muerte. Si conoces tu verdadera identidad nunca tendrás miedo a la muerte, ni te lo plantearás, porque la unidad orgánica nunca muere. La unidad orgánica es inmortal. Sólo las unidades mecánicas son ensambladas y mueren. Aquello que es aglutinado un día se hará pedazos. La unidad mecánica tiene un principio y un fin. La unidad orgánica no tiene principio ni tiene fin; es un proceso eterno.

¿Conoces tu centro? Si no lo conoces entonces estarás continuamente asustado. Por eso cuando eres egocéntrico siempre tienes miedo, siempre estás temblando. Y siempre necesitas el apoyo de los demás; alguien que te aprecie, alguien que te aplauda; alguien que te diga lo guapo y lo inteligente que eres. Necesitas a alguien que te diga esas cosas como sugestiones hipnóticas, para que puedas creer que sí eres inteligente, bello, fuerte. Pero date cuenta: dependes de los demás.

Un hombre estúpido viene y te dice que eres muy inteligente; y de hecho, sólo puedes parecerle inteligente a un hombre estúpido. Si es más inteligente que tú, por supuesto no le parecerás inteligente. Así que un hombre estúpido llega y certifica tu inteligencia y te pones muy contento. Sólo le puedes parecer guapo a un feo. Si él es más guapo que tú, le parecerás feo; porque todo es relativo. Y te sientes tremendamente feliz cuando los feos certifican que eres guapo.

¿Qué tipo de inteligencia es esta que tiene que ser certificada por estúpidos? ¿Qué tipo de belleza es esta que tiene que ser certificada por feos? Es completamente falsa. ¡Es una idiotez! Pero seguimos buscando. Seguimos buscando en el mundo exterior para encontrar algún apoyo para nuestro ego, alguien que nos dé un poco de apoyo, que sea un puntal. Si no, siempre existe el peligro de que nuestro ego se colapse. Por eso lo tenemos que apoyar por todos los lados y surge una preocupación continua.

Por eso eres más grácil cuando estás solo; porque no estás preocupado. No te ve nadie. Cuando estás solo eres más inocente; en el cuarto de baño eres más inocente, te pareces más a un niño. De nuevo te colocas delante del espejo, pones caras y lo disfrutas. Pero si te das cuenta de que tu hijo pequeño te está mirando por el agujero de la cerradura, de inmediato cambias totalmente. Ahora el ego está en peligro. Por eso la gente tiene tanto miedo a los demás. Cuando estás solo no sientes ansiedad.

Existe una famosa historia zen:

Un maestro zen estaba pintando un cuadro y su principal discípulo estaba sentado a su lado para decirle cuándo el cuadro estaba
perfecto. El discípulo estaba preocupado y el maestro también estaba preocupado, porque el discípulo nunca había visto hacer algo
imperfecto al maestro. Pero ese día las cosas se empezaron a torcer.
El maestro lo intentó, y cuanto más lo intentaba más lo estropeaba.

En Japón o en China el arte de la caligrafía se hace sobre papel
de arroz, en un papel muy sensible, muy frágil. Si dudas un poco,
durante siglos se puede saber dónde dudó el calígrafo porque se extiende más tinta en el papel de arroz y lo estropea. Es muy difícil engañar sobre el papel de arroz. Tienes que fluir; no tienes que dudar.
Si dudas, aunque sólo sea un momento, una fracción de segundo
—¿qué vas a hacer?—, fallaste, ya has fallado. Y un entendido dirá
inmediatamente: «No es una pintura zen en absoluto»; porque una
pintura zen tiene que ser una pintura espontánea, tiene que fluir.»

El maestro lo siguió intentando y cuanto más lo intentaba…,
empezó a sudar. El discípulo estaba allí sentado negando constantemente con la cabeza: —No, no está perfecto. —Y el maestro iba
cometiendo cada vez más errores.

Entonces se empezó a acabar la tinta, de modo que el maestro
dijo: —Sal fuera y prepara más tinta. —Mientras el discípulo estaba fuera preparando la tinta, el maestro hizo su obra maestra.
Cuando el discípulo volvió a entrar dijo: —Pero ¡maestro, está perfecto! ¿Qué ha sucedido?

El maestro se echó a reír y dijo: —Me he dado cuenta de una
cosa: tu presencia, la misma idea de que aquí hay alguien para apre-
ciar o criticar, diciendo sí o no, alteró mi tranquilidad interna. Ahora ya nunca será alterada. Me he dado cuenta de que estaba tratando de hacerla perfecta y ésa era la única razón de que no fuera
perfecta.

Intenta hacer algo perfecto y seguirá siendo imperfecto. Hazlo
naturalmente y siempre será perfecto. La naturaleza es perfecta; el
esfuerzo es imperfecto. Por eso siempre que haces demasiado, lo estás estropeando.

Y eso sucede: todo el mundo habla muy bien —todo el mundo es muy hablador, la gente se pasa la vida hablando—, pero colócalos sobre una plataforma y diles que hablen a una multitud y de repente se quedan mudos; de repente se olvidan de todo, son incapaces de pronunciar una sola palabra. O, incluso si la pronuncian, no es grácil, no es natural, no está fluyendo. ¿Qué ha sucedido? Y sabes que esta persona habla perfectamente bien con sus amigos, con su mujer, con sus hijos. Ellos también son personas, las mismas personas. ¿De qué tienes miedo? Te has vuelto egocéntrico. Ahora el ego está en juego, estás tratando de aparentar algo.

Escucha cuidadosamente: siempre que tratas de aparentar algo, estás buscando alimento para el ego. Siempre que eres natural y dejas que las cosas sucedan, son perfectas y entonces no hay problema. Cuando eres natural y dejas que las cosas sucedan, Dios está detrás de ti. Cuando estás asustado, temblando, tratando de demostrar algo, has perdido a Dios. Con el miedo le has olvidado. Estás mirando más a la gente y te has olvidado de tu origen.

El egocentrismo se convierte en una debilidad. Una persona que no es egocéntrica es fuerte, pero su fuerza no tiene nada que ver con él; viene del más allá.

Cuando eres egocéntrico tienes problemas. Cuando eres egocéntrico

> Intenta hacer algo perfecto y seguirá siendo imperfecto. Hazlo naturalmente y siempre será perfecto. La naturaleza es perfecta; el esfuerzo es imperfecto. Por eso siempre que haces demasiado, lo estás estropeando.

> Cuanto más piensas, más eres. El ego no es otra cosa que todos los pensamientos acumulados en el pasado. Cuando tú no eres, Dios es. Eso es creatividad.

realmente estás mostrando síntomas de que no sabes quién eres. Tu propio egocentrismo indica que todavía no has llegado a casa.

Sucedió:

> Mulla Nasruddin se cruzó con una bella joven y se giró para mirar. Su esposa dijo haciendo un puchero: —Cada vez que ves una joven bonita te olvidas de que estás casado.
> —Ahí es donde te equivocas —dijo Mulla—. ¡Nada me hace más consciente del hecho!

Siempre que eres egocéntrico estás simplemente mostrando que no eres consciente de tu identidad en absoluto. No sabes quién eres. Si lo hubieses sabido, no habría habido problema; no estarías buscando opiniones. No estarías preocupado de lo que dicen los demás de ti; ¡no importa! En realidad, nadie está hablando nunca de ti; siempre que la gente dice algo de ti, lo están diciendo de sí mismos.

Sucedió un día: Yo estaba en Jaipur y por la mañana vino a verme un hombre que me dijo: —Eres divino.

Le dije: —¡Tienes razón!

Él estaba ahí sentado cuando llegó otro hombre que estaba muy en contra mía, y que entonces me dijo: —Eres casi diabólico.

—¡Tienes razón! —le respondí.

El primer hombre se quedó un poco preocupado. Me dijo: —¿Qué quieres decir? A mí me dijiste: «Tienes razón», y también le dices a este hombre: «Tienes razón»; los dos no podemos tener razón.

Le dije: —No sólo dos personas; millones de personas pueden tener razón sobre mí, porque digan lo que digan de mí, están hablando de ellos mismos. ¿Cómo pueden conocerme? Es imposible; ni siquiera se conocen ellos mismos todavía. Todo lo que dicen es su propia interpretación.

De modo que el hombre dijo: —Entonces ¿quién eres? Si mi interpretación es que eres divino y su interpretación es que eres un diablo, entonces ¿quién eres tú?

—Yo soy yo mismo —le contesté—. No tengo interpretación sobre mí mismo, y no hace falta. Estoy simplemente deleitándome en ser yo mismo, signifique lo que signifique. Soy feliz siendo yo mismo.

Nadie puede decir nada sobre ti. Todo lo que dice la gente es sobre ellos mismos. Pero estás temblando porque todavía te estás aferrando a un centro falso. Ese falso centro depende de los demás, por eso siempre te estás fijando en lo que está diciendo la gente de ti. Y siempre haces caso a otra gente, siempre estás tratando de satisfacerlos. Siempre estás tratando de ser respetable, siempre estás tratando de decorar tu ego. Esto es suicida.

En lugar de molestarte por lo que dicen los demás, deberías de empezar a mirar dentro de ti mismo. Conocer el auténtico ser no es tan barato. Pero la gente siempre está anhelando cosas baratas.

Sucedió:

> Cuando el dolor de espalda de Mulla Nasruddin se hizo insoportable, a regañadientes fue al especialista para que diagnosticara su problema.
>
> —Bueno —dijo el doctor—. Su problema se puede curar con una operación, dos semanas en el hospital y estando después seis meses totalmente horizontal.
>
> —Doctor, ¡no me puedo permitir el coste de todo esto! —gritó Nasruddin.
>
> —Bien —sugirió el doctor—. Entonces por veinticinco dólares puedo retocar la radiografía.

Es barato retocar la radiografía pero no te vas a curar. Eso es lo que estamos haciendo, retocar continuamente la radiografía y pensar que de alguna forma ocurrirá un milagro. Cuando estás decorando tu ego estás retocando la radiografía. Eso no te va a ayudar de ninguna forma, no te va a ayudar a curarte, pero es más barato. No te hace falta ninguna operación, no hay ningún gasto. Pero ¿qué sentido tiene? Tu sufrimiento continúa.

Te haces respetable y tu sufrimiento continúa. Eres muy elogiado por la sociedad; pero tu sufrimiento continúa. Te condecoran con medallas de oro, pero tu sufrimiento continúa. Esas medallas de oro no van a acabar con tu sufrimiento; es como retocar las radiografías. Toda la decoración del ego, para el ego, no es más que engañarte a ti mismo. Y te vas debilitando cada vez más; porque el ego se sigue debilitando cada día. Tu cuerpo se irá debilitando, tu mente se irá debilitando y poco a poco el ego que has creado a través de la combinación de la mente y el cuerpo se irá debilitando. El miedo irá creciendo cada vez más; estarás sentado en un volcán que puede explotar cualquier día. No te dejará descansar. No te dejará relajarte, no te dejará tener ningún momento de paz.

Una vez que lo entiendes, toda la energía se dirige en otra dirección. Uno tiene que conocerse a sí mismo. Uno no tiene que preocuparse de lo que los demás dicen de él.

Un amigo me ha enviado un chiste muy bueno:

Había un tipo en el que nadie se había fijado nunca. No tenía amigos. Estaba en una convención para vendedores en Miami, imagínate, y vio que todos los demás estaban felices, riéndose y charlando entre ellos, pero no con él.

Una tarde que estaba sentado, realmente deprimido, consiguió ponerse a hablar con otro vendedor. Le contó su problema: —Ah, yo sé cómo arreglar esto —gritó el otro—. Consigue un camello y móntalo por las calles, y enseguida todo el mundo se fijará en ti y tendrás todos los amigos que quieras.

Por obra del destino había un circo que cerraba y quería vender un camello. El hombre lo compró y lo cabalgó por las calles, inevitablemente todo el mundo le prestó atención y se fijó en él. Él se sintió en la cima del mundo.

Pero una semana más tarde el camello desapareció. El hombre se quedó destrozado e inmediatamente telefoneó al periódico local para poner un anuncio para encontrar su camello.

—¿Es un camello macho o hembra? —preguntó el tipo al teléfono.

—¿Macho o hembra? ¿Cómo lo voy a saber? —rabió el hombre. Entonces pensó: «Oh sí, por supuesto, era un macho, tiene razón.»

—¿Cómo lo sabe? —preguntó el hombre de los anuncios.

—Porque —dijo el hombre—, cada vez que lo montaba por las calles la gente gritaba: «¡Mira a ese *schmuck* del camello!»

Schumuck es un palabra hebrea, una palabra muy hermosa. Tiene dos significados y muy reveladores. Uno de los significados es «el idiota» y el otro significado, al principio parece muy rebuscado, significa el órgano genital masculino. Pero de alguna forma ambos significados están profundamente relacionados. Los idiotas viven sólo como seres sexuales; no conocen ningún otro tipo de vida. Por eso *schmuck* es hermoso. Si una persona lo único que conoce de la vida es el sexo es estúpido, es un idiota.

La gente estaba diciendo: «¡Mira a ese idiota del camello!», pero el hombre pensaba que estaban hablando del órgano genital masculino del camello, no de él.

El ego es muy engañoso. Sigue oyendo lo que quiere oír. Sigue interpretando lo que quiere interpretar, nunca ve los hechos. Nunca deja que te llegues a enterar de los hechos. La gente que vive en el ego vive detrás de las cortinas. Y esas cortinas no están inactivas; son cortinas activas. Todo lo que pasa a través de la cortina, la cortina lo cambia.

La gente sigue viviendo en un mundo mental de creación propia. El ego es el centro de su mundo, del mundo falso —llámalo «ilusión», *maya*— y alrededor del ego siguen creando un mundo…, que no es el mundo de nadie más. Sólo viven ellos en ese mundo.

Cuando renuncias al ego, renuncias al mundo entero que has creado a su alrededor. Por primera vez eres capaz de ver las cosas como son; no como a ti te gustaría que fueran. Y cuando eres capaz de conocer los hechos de la vida, eres capaz de conocer la verdad.

Ahora el cuento zen:

Un guerrero llamado O-Nami, «Grandes Olas», era inmensamente fuerte y un experto muy cualificado en el arte de pelear. En privado había derrotado incluso a su profesor, pero en público sus propios pupilos más jóvenes podían derribarlo.

> ⚶
>
> Cuando renuncias al ego, renuncias al mundo entero que has creado a su alrededor. Por primera vez eres capaz de ver las cosas como son; no como a ti te gustaría que fueran.

Él fue con su problema a visitar al maestro zen que se estaba hospedando en el templo cercano, junto al mar, y le pidió consejo.

—Te llamas Grandes Olas —dijo el maestro—, de modo que quédate esta noche en el templo y escucha las olas del mar. Imagínate que tú eres esas olas, olvídate de que eres un luchador y vuélvete una de esas enormes olas que barren todo lo que tienen por delante.

O-Nami se quedó. Trató de pensar sólo en las olas, pero pensó en muchas cosas. Luego gradualmente pensó sólo en las olas. Éstas fueron haciéndose cada vez más grandes a medida que transcurría la noche. Barrieron las flores en los jarrones que estaban delante del Buda, barrieron los jarrones. Incluso barrieron al Buda de bronce. Al amanecer el templo estaba completamente anegado en agua, y O-Nami se sentó allí con una ligera sonrisa en el rostro.

Ese día entró en la competición pública de lucha y ganó todos los combates, y desde ese día nadie pudo jamás derribarlo.

Ésta es una historia sobre el egocentrismo y cómo dejar de serlo, cómo perderlo, cómo librarse de ello. Trataremos de entrar en ella paso a paso.

Un guerrero llamado O-Nami, «Grandes Olas», era inmensamente fuerte…

> ⚶
>
> Cuando buscas prestigio, autoridad política, ¿qué estás buscando? Estás buscando poder, fuerza; y esa fuerza está todo el tiempo disponible a la vuelta de la esquina. Estás buscando en lugares equivocados.

Todo el mundo es inmensamente fuerte. Tú no conoces tu fuerza; eso es otro asunto. Todo el mundo es inmensamente fuerte; tiene que serlo, porque todo el mundo tiene sus raíces en Dios, todo el mundo tiene sus raíces en el universo. No importa lo pequeño que puedas parecer, no eres pequeño; no puedes serlo por la misma naturaleza de las cosas.

Ahora los físicos dicen que en un pequeño átomo hay muchísima energía encerrada; Hiroshima y Nagasaki fueron destruidos con energía atómica. Y el átomo es tan pequeño; ¡nadie lo ha visto todavía! Es sólo una inferencia, una deducción, nadie ha visto un átomo. Con todos los sofisticados instrumentos que tiene hoy la ciencia, nadie ha visto un átomo; tan pequeño, y una energía tan enorme.

Si el átomo puede tener tanta energía, ¿qué decir del hombre? ¿Qué decir de esta pequeña llama de conciencia en el hombre? Si un día esta pequeña llama brota, indudablemente se va a convertir en una infinita fuente de energía y luz. Así les sucedió a Buda, o a Jesús.

Todo el mundo es inmensamente fuerte porque todo el mundo es inmensamente divino. Todo el mundo es fuerte porque todo el mundo tiene sus raíces en Dios, en el origen mismo de la existencia. Recuérdalo.

La mente humana tiende a olvidarlo. Cuando lo olvidas, te vuelves débil. Cuando te vuelves débil empiezas a encontrar maneras artificiales de hacerte fuerte. Eso es lo que están haciendo millones de personas. Cuando buscas dinero, ¿qué estás buscando realmente? Estás buscando poder, estás buscando fuerza. Cuando buscas prestigio, autoridad política, ¿qué estás buscando? Estás buscando poder, fuerza; y esa fuerza está todo el tiempo disponible a la vuelta de la esquina. Estás buscando en lugares equivocados.

Un guerrero llamado O-Nami, «Grandes Olas»…

Todos nosotros somos grandes olas en el océano. Podríamos haberlo olvidado, pero el océano no se olvida de nosotros. Podríamos habernos olvidado tanto que no tengamos idea de qué es el océano; aun así, estamos en el océano. Incluso si una ola se olvida y se vuelve inconsciente del océano, sigue siendo el océano; porque la ola no

puede existir sin el océano. El océano no puede existir sin la ola
—quizá pueda existir sin la ola— pero la ola no puede existir sin el
océano. La ola no es otra cosa que una onda del océano; es un proceso, no es una entidad. Es sólo el océano disfrutando de sí mismo.
Dios en su gozo puebla la Tierra; Dios en su gozo puebla la existencia. Es el océano buscando al océano, jugando. Tiene una tremenda energía; ¿qué hacer con ella?

Un guerrero llamado O-Nami, «Grandes Olas», era inmensamente fuerte...

Pero esta fuerza es posible sólo cuando la ola sabe que es una ola
del gran océano infinito. Si la ola olvida esto, entonces la ola es muy
débil. Y nuestro «olvido» es tremendo; nuestra memoria es muy pequeña, diminuta; la capacidad de olvidar, tremenda. Seguimos olvi-
dándonos. Y eso que es muy obvio lo olvidamos muy fácilmente. Lo
que está muy cercano lo olvidamos muy fácilmente. Eso que está
siempre disponible lo olvidamos con mucha facilidad.

¿Te acuerdas de tu respiración? Te acuerdas sólo cuando hay un
problema, cuando tienes un catarro, un problema respiratorio o
algo así; si no, ¿quién se acuerda de respirar? Por eso la gente sólo
se acuerda de Dios cuando tiene problemas. Si no, ¿quién se
acuerda? Y Dios está más cerca de ti que tu respiración, más cerca
que lo que tú estás de ti mismo. Uno tiende a olvidar.

¿Lo has observado? Si no tienes algo, te acuerdas. Cuando lo tienes, te olvidas, lo das por hecho. Es muy difícil acordarse de Dios
porque no lo puedes perder. Es muy poco frecuente la gente capaz
de acordarse de Dios. Recordar aquello de lo que nunca hemos estado alejados es muy difícil.

Un pez en el océano se olvida del océano. Lanza al pez a la orilla, a la arena, la arena caliente, y entonces el pez sabe, entonces el
pez se acuerda. Pero no hay forma de sacarte de Dios; él no tiene
orilla; Dios es un océano sin orillas. Y tú no eres como un pez, eres
como una ola. Eres exactamente como Dios; tu naturaleza y la naturaleza de Dios es la misma.

Ése es el significado simbólico al escoger este nombre para esta historia.

[Era] un experto muy cualificado en el arte de pelear. En privado había derrotado incluso a su profesor…

Pero en privado, porque en privado debía de ser capaz de olvidarse de sí mismo.

Recuerda este sutra. Cuando te acuerdas de ti mismo, te olvidas de Dios; cuando te olvidas de ti mismo, te acuerdas de Dios; y no puedes acordarte de los dos a la vez. Cuando la ola se cree que es una ola se olvida de que es un océano. Cuando la ola se reconoce a sí misma como el océano, ¿cómo se puede acordar de sí misma como una ola? Sólo uno de los dos es posible. O bien la ola puede pensar que es la ola, o que es el océano. Es una *gestalt*. No puedes acordarte de los dos a la vez, es imposible.

En privado había derrotado incluso a su profesor, pero en público sus propios pupilos más jóvenes podían derribarlo.

En privado se debía de olvidar completamente de su propio ser, del ego. Entonces era tremendamente poderoso. En público se debía de volver demasiado egocéntrico. Entonces era débil. El egocentrismo es debilidad. Olvidarse de uno mismo es fuerza.

Él fue con su problema a visitar al maestro zen que se estaba hospedando en el templo cercano, junto al mar, y le pidió consejo.

—Te llamas Grandes Olas —dijo el maestro—, de modo que quédate esta noche en el templo y escucha las olas del mar.

Un maestro es aquel que puede crear estratagemas para todo el mundo. Un maestro es aquel que no tiene una estratagema fija. Se fija en el hombre, este hombre O-Nami —Grandes Olas— sólo con el nombre, y crea una estratagema alrededor de su nombre. Sabiendo sólo que su nombre es O-Nami, Grandes Olas, el maestro dice: «Te llamas Grandes Olas, de modo que quédate esta noche en el templo y escuchas las olas del océano.»

Escuchar es uno de los secretos básicos para entrar en el templo de Dios. Escuchar significa pasividad. Escuchar significa olvidarte de ti mismo completamente; sólo entonces puedes escuchar. Cuando escuchas atentamente a alguien, te olvidas de ti mismo. Si no te puedes olvidar de ti mismo, nunca escuchas. Si eres demasiado egocéntrico, simplemente finges que estás escuchando; no escuchas. Quizá asientas con la cabeza; quizá digas a veces sí y no; pero no estás escuchando.

> Cuando escuchas atentamente a alguien, te olvidas de ti mismo. Si no te puedes olvidar de ti mismo, nunca escuchas. Si eres demasiado egocéntrico, simplemente finges que estás escuchando; no escuchas.

Cuando escuchas, te conviertes en un conducto; te vuelves pasivo, una receptividad, un útero. Te vuelves femenino. Y para llegar uno se tiene que volver femenino. No puedes alcanzar a Dios siendo un invasor agresivo, siendo un conquistador. Sólo puedes alcanzar a Dios…, o sería mejor decir Dios sólo te puede alcanzar cuando eres receptivo, una receptividad femenina. Cuando te vuelves yin, una receptividad, se abre la puerta. Y tú esperas.

Escuchar es el arte de volverse femenino. Buda ha enfatizado mucho el escuchar, Mahavira ha enfatizado mucho el escuchar, Krishnamurti sigue enfatizando mucho la correcta escucha. Los oídos son simbólicos. ¿Te has dado cuenta? Tus oídos no son otra cosa que conductos, orificios; nada más. Tus oídos son más femeninos que tus ojos; tus ojos son más masculinos. Tus oídos son la parte yin; tus ojos son la parte yan. Cuando miras a alguien eres agresivo. Cuando escuchas a alguien eres receptivo.

Por eso mirar a alguien durante demasiado tiempo se convierte en algo vulgar, descortés, maleducado. Existe un determinado límite; los psicólogos dicen tres segundos. Si miras a una persona durante tres segundos está bien; lo puede tolerar. Más que eso, entonces ya no estás mirando; estás mirando fijamente; estás ofendiendo a la persona; estás invadiendo. Pero escuchar a una persona no tiene límite, porque los oídos no pueden invadir. Simplemente se quedan como están.

Los ojos necesitan descanso. Te has fijado por la noche; los ojos necesitan descanso, los oídos no necesitan descanso. Están abiertos las veinticuatro horas del día, año tras año. Los ojos no pueden quedarse abiertos ni siquiera minutos; parpadean continuamente, se cansan continuamente. La agresión fatiga, porque la agresión saca tu energía afuera; por eso los ojos tienen que parpadear continuamente, para descansar. Los oídos siempre están descansados.

Por eso la música ha sido utilizada por muchas religiones como una aproximación a la oración; porque la música hará tus oídos más vibrantes, más sensitivos. Uno tiene que centrarse más en los oídos y menos en los ojos.

«Tú vuélvete todo oídos», dijo el maestro. «Escucha. No hay que hacer nada más; escucha sin una idea de por qué, sin una idea de lo que está sucediendo. Sigue escuchando sin interpretar, sin actividad por tu parte.» Y entonces: «Imagina que tú eres esas olas.»

> Cuanto más piensas, más eres. El ego no es otra cosa que todos los pensamientos acumulados en el pasado. Cuando tú no eres, Dios es. Eso es creatividad.

Primero escucha, sintonízate con las olas, y cuando sientas que estás completamente en silencio y eres receptivo, entonces imagina que eres esas olas. Ésa es la segunda etapa. Primero, no seas agresivo; vuélvete receptivo. Y cuando te hayas vuelto receptivo, entonces fúndete con esas olas, empieza a imaginar que eres esas olas.

El maestro le está dando una estratagema para que pueda olvidarse de sí mismo, de su ego. El primer paso es la receptividad, porque en la receptividad el ego no puede existir; sólo puede existir en el conflicto. Y cuando eres receptivo, de repente tu facultad de imaginar se vuelve tremendamente poderosa.

Las personas receptivas, las personas sensitivas, son personas imaginativas. Aquellos que pueden ver el verdor de los árboles sin una agresión de su parte, ni siquiera una sutil agresión de su parte —que pueden beber del verdor de los árboles, que lo pueden absorber como si fueran esponjas— se vuelven muy creativos, se vuelven muy imaginativos. Ésos son los poetas, los pintores, los bailarines, los músicos; absorben el universo con una profunda receptividad, y luego vierten en su imaginación todo lo que han absorbido.

> Ésos son los poetas, los pintores, los bailarines, los músicos; absorben el universo con una profunda receptividad, y luego vierten en su imaginación todo lo que han absorbido.

La imaginación es la facultad que tienes que más se acerca a Dios. Dios debe de tener mucha imaginación, ¿no? —¡sólo tienes que mirar a este mundo! ¡Piénsalo!—. Un mundo tan imaginativo, con tantas flores y tantas mariposas, con tantos árboles y tantos ríos, con tanta gente. ¡Sólo piensa en su imaginación! Con tantas estrellas, y tantos mundos; mundos y más mundos, sin fin… Debe ser un gran soñador.

En Oriente, los hindúes dicen que el mundo es el sueño de Dios, su imaginación. El mundo es su magia, su imaginación. Lo está soñando, somos parte de su sueño.

Cuando el maestro dijo a O-Nami: «Imagínate que tú eres esas olas», le estaba diciendo: «Entonces te vuelves creativo. Primero te vuelves receptivo y luego te vuelves creativo. Y una vez que has abandonado el ego, te vuelves tan flexible que todo lo que te imagines sucederá. Entonces tu imaginación se convertirá en tu realidad.»

«Olvídate de que eres un luchador y vuélvete una de esas enormes olas que barren todo lo que tienen por delante.»

O-Nami se quedó. Trató de pensar sólo en las olas...

Por supuesto, al principio fue difícil, pensó en muchas cosas. Es natural; pero continuó. Debía de ser muy paciente. «Luego gradualmente pensó sólo en las olas.» Entonces llegó un momento... Si perseveras, si persistes, inevitablemente llega un momento en el que lo que has estado deseando durante muchas vidas, sucede; pero hace falta paciencia.

Luego gradualmente pensó sólo en las olas. Éstas fueron haciéndose cada vez más grandes a medida que transcurría la noche.

Esas olas del océano que se van haciendo cada vez más grandes no son las verdaderas olas. Ahora no se puede distinguir entre las olas en su imaginación y las olas reales. Esa distinción se pierde. Ahora él no sabe qué es qué; no sabe qué es un sueño y qué es real. De nuevo se ha vuelto un niño pequeño. Sólo los niños tienen esa capacidad.

> Sólo la persona creativa sabe cómo acabar con el aburrimiento; la persona creativa no conoce el aburrimiento en absoluto. Está emocionada, encantada, constantemente en un estado de aventura.

Por la mañana te puedes encontrar a un niño llorando por un juguete que ha visto en sueños, y lo quiere al despertarse, y dice: «¿Dónde está mi muñeca?» Y tú sigues insistiendo que sólo era un sueño, pero él dice: «Aun así, ¿dónde está ahora?» No hace distinción entre el sueño y la vigilia. No conoce la diferencia. Sólo conoce la realidad como un todo.

Cuando te vuelves receptivo, te vuelves como un niño.

Ahora esas olas:

... fueron haciéndose cada vez más grandes a medida que transcurría la noche. Barrieron las flores en los jarrones que estaban delante del Buda, barrieron los jarrones. Incluso barrieron al Buda de bronce.

¡Esto es hermoso! Es muy complicado para un budista imaginar que el Buda es barrido por las aguas. Si hubiera estado demasiado aferrado a su religión, en ese momento él se habría desvinculado completamente de su imaginación. Habría dicho: «¡Hasta aquí hemos llegado! ¡Buda siendo barrido por las olas!; ¿qué estoy haciendo? No, dejo de ser una ola.» Se hubiera detenido a los pies del Buda, hubiera tocado los pies del Buda, pero nada más. Pero recuerda: un día, incluso esos pies que te han ayudado tanto en el camino tendrán que desaparecer. Los budas también tienen que ser barridos porque la puerta, si te aferras a ella, se puede convertir en un obstáculo.

> *⁂*
>
> Primero te vuelves receptivo y luego te vuelves creativo. Y una vez que has abandonado el ego, te vuelves tan flexible que todo lo que te imagines sucederá. Entonces tu imaginación se convertirá en tu realidad.

... cada vez más grandes [...]. Barrieron las flores en los jarrones que estaban delante del Buda, barrieron los jarrones. Incluso barrieron al Buda de bronce. Al amanecer el templo estaba completamente anegado en agua...

No es que sucediera realmente; le sucedió a O-Nami. Recuérdalo: si hubieras estado en el templo en esos momentos no hubieras visto el templo anegado en agua; sólo le estaba sucediendo a O-Nami. Estaba sucediendo en una dimensión totalmente diferente de su ser. Es la dimensión de la poesía, de la imaginación, del sueño; lo intuitivo, lo femenino, lo infantil, la inocencia. Había abierto las puertas a su facultad de imaginar. Pero escuchando las olas, volviéndose receptivo, se había vuelto imaginativo. Su imaginación floreció como una flor de loto de mil y un pétalos.

Al amanecer el templo estaba completamente anegado en agua, y O-Nami se sentó allí con una ligera sonrisa en el rostro.

¡Se convirtió en un buda! La misma ligera sonrisa que apareció en Buda debajo del árbol de su iluminación debió de aparecer en O-Nami. ¡De repente había dejado de ser!; y ésa era la sonrisa, la sonrisa por haber regresado a casa. La sonrisa porque uno ha llegado, la sonrisa porque ahora ya no hay un lugar adonde ir. La sonrisa porque uno ha llegado a la fuente, la sonrisa porque uno ha muerto y ha resucitado.

... O-Nami se sentó allí con una ligera sonrisa en su rostro.

Ese día entró en la competición pública de lucha y ganó todos los combates, y desde ese día nadie pudo jamás derribarlo.

Porque ahora no es su energía. Ya no es O-Nami; él ya no es las olas, él es ahora el océano. ¿Cómo puedes vencer al océano? Sólo puedes vencer a las olas.

Una vez que has renunciado al ego has perdido todas las derrotas, todos los fracasos, todas las frustraciones. Carga con el ego y estás destinado a fracasar. Carga con el ego y seguirás siendo débil. Renuncia al ego y una fuerza infinita empieza a fluir a través de ti. Renunciando al ego te conviertes en un río y empiezas a fluir, empiezas a fundirte, empiezas a ser una corriente; empiezas a vivir.

Toda la vida es de la totalidad. Si estás tratando de vivir aislado, estás siendo sencillamente estúpido. Es como si una hoja en un árbol estuviera tratando de vivir aislada; no sólo eso, como si estuviera luchando con el árbol; luchando con otras hojas, luchando con las raíces, pensando que son sus enemigos. Nosotros somos hojas de un árbol, un gran árbol; llámalo Dios, o la totalidad, o como quieras, pero somos pequeñas hojas en el árbol infinito de la vida.

No hay necesidad de luchar. La única manera de regresar a casa es rendirse.

PERFECCIONISMO

He escuchado una hermosa historia. Había una vez un gran escultor, un pintor, un gran artista. Su arte era tan perfecto que cuando hacía la estatua de un hombre, era complicado decir quién era el hombre y quién era la estatua. Era tan realista, tan viva, tan similar.

Un astrólogo le dijo que se acercaba su muerte, pronto iba a morir. Por supuesto, le entró mucho miedo, se asustó mucho, y como cualquier otro hombre quiere evitar la muerte, él también quiso evitarla. Pensó en ello, meditó y encontró una solución. Hizo estatuas de sí mismo hasta un número de once, y cuando la muerte llamó a su puerta y entró el Ángel de la Muerte, se escondió entre sus once estatuas. Dejó de respirar.

El Ángel de la Muerte estaba perplejo, no podía creer sus propios ojos. Esto no había sucedido nunca; ¡era tan raro! No se sabía que Dios hubiera creado dos personas iguales; siempre creaba una únicamente. No ha creído nunca en ninguna rutina, no es una cadena de montaje. Está absolutamente en contra de las copias, sólo crea originales. ¿Qué ha sucedido? ¿Doce personas en total, completamente iguales? Ahora, ¿a quién llevarse? Sólo hay que llevarse a uno...

El Ángel de la Muerte no podía decidirse. Perplejo, preocupado, nervioso, volvió a irse. Le preguntó a Dios: —¿Qué has hecho? Hay doce personas completamente iguales y se supone que sólo tengo que traer a una. ¿Cómo debo escoger?

Dios se echó a reír. Le dijo al Ángel de la Muerte que se acercara, y pronunció la fórmula en su oído, la llave para saber cómo encontrar lo real a partir de lo irreal. Le dio un código secreto y le dijo: —Vete y pronúncialo en esa habitación en donde el artista está escondiéndose entre sus propias estatuas.

El Ángel de la Muerte preguntó: —¿Cómo va a funcionar?

—No te preocupes —le dijo Dios—, simplemente ve y prueba.

El Ángel de la Muerte fue sin creerse todavía si iba a funcionar, pero si Dios lo ha dicho él tiene que hacerlo. Entró en la habitación, miró a su alrededor y sin dirigirse a nadie en particular dijo: —Señor, todo es perfecto excepto una cosa. Lo ha hecho muy bien, pero ha fallado en un punto. Hay un error.

El hombre se olvidó completamente de que estaba escondiéndose. Saltó y dijo: —¿Qué error?

La muerte se echó a reír y dijo: —¡Te pillé! Éste es el único error: no te puedes olvidar de ti mismo. Vamos, sígueme.

NORMALMENTE, EL ARTISTA ES LA PERSONA MÁS EGOÍSTA DEL MUNDO. Pero entonces no es un verdadero artista. Ha utilizado el arte como un medio para su ego. Los artistas son muy egoístas, están constantemente presumiendo y peleando entre ellos. Todos piensan que son el mejor. Pero ése no es auténtico arte.

El verdadero artista desaparece por completo. Estas otras personas son sólo técnicos. No los llamaré artistas sino técnicos. No los llamaré creadores, sólo los llamaré compositores. Sí, componer un poema es una cosa, crear un poema es algo muy diferente. Para componer poesía uno necesita conocer el lenguaje, la gramática, las reglas poéticas. Es un juego de palabras. Y si conoces todo el juego puedes hacer poesía. No será muy poética pero tendrá aspecto de poesía. Técnicamente quizá sea perfecta, pero sólo tendrá el cuerpo; faltará el alma. El alma sólo aparece cuando el artista desaparece en su arte; ya no está separado. Cuando el pintor pinta con tanto abandono que ya no está allí, que incluso se siente culpable de firmar su pintura porque sabe que él no la ha hecho… Una fuerza desconocida lo ha realizado a través de él, sabe que ha sido poseído. Ésa ha sido la experiencia de todos los grandes y verdaderos artistas a lo largo de los tiempos: la sensación de ser poseídos. Cuanto más grande es el artista, más clara es esta sensación.

Y todos los grandes —Mozart, Beethoven, Kalidas, Rabindranath Tagore— todos los grandes están absolutamente seguros de que no han sido otra cosa que bambúes huecos, y que la existencia ha estado cantando a través de ellos. Han sido flautas, pero su canción no les pertenece. Ha fluido a través de ellos, pero viene una fuente desconocida. Ellos no lo han impedido —eso es todo lo que han hecho—, pero no la han creado.

> El alma sólo aparece cuando el artista desaparece en su arte; ya no está separado. Una fuerza desconocida lo ha realizado a través de él, sabe que ha sido poseído. Ésa ha sido la experiencia de todos los grandes y verdaderos artistas a lo largo de los tiempos: la sensación de ser poseídos. Cuanto más grande es el artista, más clara es esta sensación.

Ésta es la paradoja. El auténtico creador sabe que él no ha creado nada, la existencia ha trabajado a través de él. Él ha sido un instrumento. Ése es el verdadero arte, en el que el artista desaparece; entonces no se trata del ego. Y entonces el arte se convierte en religiosidad. Entonces el artista es un místico; no sólo técnicamente correcto, sino existencialmente auténtico.

Cuanto menos hay del artista en su trabajo, más perfecto es éste. Cuando el artista está absolutamente ausente, entonces la creatividad es absolutamente perfecta; tienes que acordarte de esta proporción. Cuanto más presente está el artista menos perfecto será el resultado. Si el artista está demasiado presente, el resultado será nauseabundo, será neurótico. Será sólo un juego del ego; ¿qué otra cosa puede ser?

El ego es neurosis. Y hay que recordar una cosa: el ego siempre quiere ser perfecto. El ego es muy perfeccionista. El ego siempre quiere estar más alto y ser mejor que los demás; por eso es perfeccionista. Pero a través del ego nunca es posible la perfección, por eso el esfuerzo es absurdo. La perfección sólo es posible cuando no hay ego; pero entonces uno no piensa en absoluto en la perfección.

Por eso el verdadero artista nunca piensa en la perfección. No tiene una idea de la perfección, simplemente se permite a sí mismo rendirse, dejarse ir y si ocurre algo, que ocurra. El auténtico artista piensa indudablemente en la totalidad, pero nunca en la perfección. Quiere hacerlo todo con totalidad, eso es todo. Cuando baila, quiere desaparecer en el baile. No quiere estar allí, porque la presencia de un bailarín será un obstáculo para la danza. La gracia, el flujo, será alterado, será obstruido. Cuando el bailarín no está allí, desaparecen todas las rocas, el fluir es muy silencioso, suave.

> Cuanto menos hay del artista en su trabajo, más perfecto es éste. Cuando el artista está absolutamente ausente, entonces la creatividad es absolutamente perfecta; tienes que acordarte de esta proporción.

El auténtico artista indudablemente piensa en la totalidad —¿cómo ser total?— pero nunca piensa en la perfección. Y la belleza es que aquellos que son totales son perfectos. Aquellos que piensan en la perfección nunca son perfectos, nunca son totales. Al contrario, cuanto más piensan en la perfección, más neuróticos se vuelven. Tienen ideales. Están siempre comparando, ¡y siempre se quedan cortos!

Si tienes un ideal, y a menos que ese ideal se cumpla no vas a pensar que eres perfecto, ¿cómo puedes ser total en tu acto? Si piensas, por ejemplo, que tienes que ser un bailarín como Nijinsky, entonces, ¿cómo puedes ser total en tu danza? Estás constantemente mirando, observándote, tratando de mejorar, con miedo a cometer cual-

> El auténtico artista piensa indudablemente en la totalidad, pero nunca en la perfección. Quiere hacerlo todo con totalidad, eso es todo. Cuando baila, quiere desaparecer en el baile.

quier error…, estás dividido. Una parte de ti está bailando, otra parte de ti está allí, juzgando, condenando desde afuera, criticando. Estás dividido, estás separado.

Nijinsky era perfecto porque era total. Solía ocurrir que cuando bailaba y daba saltos en el baile, la gente no podía creer lo que veía, incluso los científicos no podían creer lo que veían sus ojos. Su salto era tal que iba en contra de la ley de la gravedad; ¡no podía estar ocurriendo! Y cuando regresaba al suelo, lo hacía muy despacio, como una pluma…, eso también iba en contra de la ley de la gravedad.

Se lo preguntaron una y otra vez. Cuanto más se lo preguntaban y más consciente se hizo de ello, más empezó a desaparecer. Llegó un momento en su vida en el que dejó de suceder por completo, y la razón fue que se hizo consciente de ello; perdió su totalidad. Entonces entendió por qué había desaparecido. Solía ocurrir, pero solía ocurrir sólo cuando Nijinsky estaba completamente perdido en la danza. En ese completo soltarse, en esa relajación, uno funciona en un mundo completamente diferente, sujeto a leyes diferentes.

Déjame que te hable de una ley que la ciencia va a descubrir más pronto o más tarde. Yo la llamo la ley de la gracia. De la misma forma que existe la ley de la gravedad…, hace trescientos años no se conocía. Estaba funcionando incluso antes de que se conociera; una ley no necesita ser conocida para que funcione. La ley estaba funcionando desde siempre. No tiene nada que ver con Newton y la manzana cayendo del árbol. ¡Las manzanas también solían caerse antes de Newton! No es que Newton descubriera la ley de la gravedad y entonces las manzanas comenzaran a caer. La ley estaba allí, Newton la descubrió.

Exactamente igual que eso existe otra ley; la ley de la gracia, que eleva. La ley de la gravedad tira de las cosas hacia abajo; la ley de la gracia tira de las cosas hacia arriba. En el yoga la llaman levitación. En un determinado estado de abandono, en un determinado estado de borrachera —borrachera de lo divino—, en un determinado estado de total rendición, de ausencia de ego, la ley comienza a funcionar. Uno siente cómo se eleva. Uno deja de tener peso.

Eso es lo que sucedía en el caso de Nijinsky. Pero no lo puedes provocar, porque si tú estás ahí no sucederá.

El ego es como una roca alrededor de tu cuello. Cuando no hay ego, no tienes peso. Y, ¿no lo has sentido algunas veces en tu vida? Hay momentos en los que tienes una sensación de ingravidez. Caminas en la tierra, pero aun así, no sientes que estás tocando la tierra; estás diez centímetros por encima. Momentos de alegría, momentos de oración, momentos de meditación, momentos de celebración, momentos de amor... y no tienes peso, te sientes elevado.

Y afirmo que más pronto o más tarde la ciencia tendrá que descubrirla, porque la ciencia reconoce un determinado principio: el principio de los polos opuestos. Ninguna ley puede existir sola, debe de tener su opuesto. La electricidad no puede funcionar con sólo un polo, positivo o negativo; ambos son necesarios. Se complementan entre ellos.

La ciencia sabe que cada ley tiene su opuesto para complementarla. La gravitación debe de tener una ley opuesta a ella para complementarla. Esa ley, provisionalmente la llamo gracia; puede que en el futuro tenga cualquier otro nombre porque los científicos, si la descubren, no la llamarán gracia. Pero ése parece ser el mejor nombre.

> Hay momentos en los que tienes una sensación de ingravidez. Caminas en la tierra, pero aun así, no sientes que estás tocando la tierra; estás diez centímetros por encima. Momentos de alegría, momentos de oración, momentos de meditación, momentos de celebración, momentos de amor... y no tienes peso, te sientes elevado.

INTELECTO

«La mente contemporánea» es una contradicción en sí misma. La mente nunca es contemporánea, siempre es vieja. La mente es pasado; pasado y nada más que pasado. La mente significa memoria, no puede haber una mente contemporánea. Ser contemporáneo es no tener mente.

Si estás aquí y ahora, entonces eres contemporáneo. Pero entonces, ¿no lo ves?, tu mente desaparece; no hay pensamientos, no surge ningún deseo: te desconectas del pasado y te desconectas del futuro.

> La mente es pasado; pasado y nada más que pasado. La mente significa memoria, no puede haber una mente contemporánea. Ser contemporáneo es no tener mente.

La mente nunca es original, no puede serlo. La no-mente es original, fresca, joven; la mente siempre es vieja, podrida, rancia.

Pero esas palabras se usan; se usan en un sentido totalmente diferente. En ese sentido, esas palabras son significativas. La mente del siglo XIX era una mente diferente; las preguntas que hacían, no las haces tú. Las preguntas que eran importantes en el siglo XVIII ahora son preguntas estúpidas. Una de las grandes preguntas teológicas en la Edad Media era: «¿Cuántos ángeles pueden bailar en la cabeza de un alfiler?» ¿Puedes encontrar ahora una persona tan estúpida que piense que esta pregunta es importante? Y esto era discutido por los más grandes teólogos; no gente pequeña, grandes profesores escribieron tratados sobre esto, se organizaban conferencias. «¿Cuántos ángeles...?» ¿A quién le importa ahora? Carece de importancia.

En los tiempos de Buda, una gran pregunta era: «¿Quién creó el mundo?» Ha persistido durante siglos, pero ahora cada vez le interesa a menos gente. Sí, hay algunas personas pasadas de moda, pero raramente me hacen estas preguntas. Pero a Buda se la planteaban cada día; no pasaba ni un solo día sin que alguien le hiciera esta pregunta, «¿Quién creó el mundo?» Buda tuvo que repetir muchas veces que el mundo siempre ha estado ahí, nadie lo ha creado; pero la gente no se quedaba satisfecha. Ahora a nadie le importa. Muy raramente alguien me hace esta pregunta: «¿Quién creó el mundo?» En ese sentido, la mente va cambiando a medida que el tiempo va cambiando. En ese sentido, la mente contemporánea es una realidad.

El marido a su esposa: —Te digo que no salimos esta noche, y esto es casi un ultimátum.

Ahora *ésta* es la mente contemporánea. Ningún marido en el pasado habría dicho esto. Siempre era ultimátum; la última palabra era la suya.

Dos señoras inglesas de clase alta se encontraron por casualidad mientras iban de compras en Londres. Una de ellas se dio cuenta de que la otra estaba embarazada y le preguntó: —Por qué… ¡querida qué sorpresa! ¡Obviamente te has casado desde que te vi la última vez!

La segunda respondió: —Sí. Es un hombre maravilloso; es oficial de los fusileros Ghurka.

La que había preguntado se quedó horrorizada: —¡Un ghurka! Querida, ¿no son todos negros?

—Oh no —dijo ella—. Sólo los soldados rasos.

La interlocutora exclamó: —Querida, ¡qué contemporánea!

En ese sentido, existe una mente contemporánea. Si no, no existe una mente contemporánea. Las modas vienen y van; si piensas en las modas entonces sí hay cambios. Pero toda mente es básicamente vieja. La mente como tal es vieja y no puede haber una mente moderna; la mente más moderna es aún del pasado.

La persona viva de verdad es una persona del aquí y el ahora. No vive desde el pasado, no vive para el futuro; vive sólo en el momento, para el momento. El momento lo es todo. Es espontánea; esa espontaneidad es la fragancia de la no-mente. La mente es repetitiva, la mente siempre se mueve en círculos. La mente es un mecanismo: lo alimentas de conocimiento, repite el mismo conocimiento. Sigue masticando el mismo conocimiento una y otra vez.

No-mente es claridad, pureza, inocencia. La no-mente es la verdadera manera de vivir, la verdadera manera de conocer, la verdadera manera de ser.

EL INTELECTO ES ALGO ENGAÑOSO, ES ALGO FALSO. Es un sustituto de la inteligencia. La inteligencia es un fenómeno totalmente diferente; es lo real.

> La persona viva de verdad es una persona del aquí y el ahora. No vive desde el pasado, no vive para el futuro, vive sólo en el momento, para el momento. El momento lo es todo.

La inteligencia requiere un tremendo coraje, la inteligencia requiere una vida aventurera. La inteligencia requiere que vayas siempre hacia lo desconocido, hacia el océano inexplorado. Entonces la inteligencia crece, se agudiza. Sólo crece cuando se encuentra con lo desconocido en cada momento. La gente tiene miedo a lo desconocido, la gente se siente insegura con lo desconocido. No quieren ir más allá de lo conocido, por eso han creado un sustituto falso de la inteligencia, de plástico; lo llaman intelecto. El intelecto es sólo un juego mental. No puede ser creativo.

Puedes ir y mirar en las universidades y ver qué tipo de trabajo creativo se está llevando a cabo. Se escriben miles de tratados; doctorado en derecho, doctorado en filosofía, doctorado en literatura, se otorgan grandes títulos a la gente. Nadie llega a saber nunca qué pasa con sus tesis doctorales en derecho; se van convirtiendo en montones de basura en las bibliotecas. Nadie las lee nunca, nadie se inspira en ellas. Sí, algunas personas las leen; son el mismo tipo de personas que van a escribir otra tesis. Por supuesto las leerán los futuros doctores en derecho.

Pero vuestras universidades no crean Shakespeares, Miltons, Dostoievskis, Tolstóis, Rabindranaths, Kahlil Gibrans. Vuestras universidades crean sólo basura, totalmente inútil. Ésta es la actividad intelectual que se está llevando a cabo en las universidades.

La inteligencia crea un Picasso, un Van Gogh, un Mozart, un Beethoven. La inteligencia es una dimensión totalmente diferente. No tiene nada que ver con la cabeza, tiene algo que ver con el corazón. El intelecto está en la cabeza; la inteligencia es un estado de despertar del corazón. Cuando tu corazón está despierto, cuando tu corazón está bailando en profunda gratitud, cuando tu corazón está sintonizado con la existencia, en armonía con la existencia, de esta armonía surge la creatividad.

No existe la posibilidad de ninguna creatividad intelectual. Puede producir basura —es productiva, puede fabricar—, pero no puede crear.

Y, ¿cuál es la diferencia entre fabricar y crear? Fabricar es una actividad mecánica. Pueden hacerlo las computadoras; ya lo están haciendo, y de una manera mucho más eficiente de la que puedes esperar de un hombre. La inteligencia crea, no fabrica. Fabricar significa un ejercicio repetitivo: lo que ya ha sido hecho, tú lo vuelves a repetir una y otra vez. Creatividad significa traer algo nuevo a la existencia, hacer un lugar para que lo desconocido penetre en lo conocido, hacer un camino para que el Cielo baje a la Tierra.

> La gente tiene miedo a lo desconocido, la gente se siente insegura con lo desconocido. No quieren ir más allá de lo conocido, por eso han creado un sustituto falso de la inteligencia, de plástico; lo llaman intelecto. El intelecto es sólo un juego mental. No puede ser creativo.

Cuando hay un Beethoven, o un Miguel Ángel o un Kalidas, el Cielo se abre, las flores empiezan a caer desde el más allá. No te estoy diciendo nada sobre Buda, Cristo, Krishna, Mahavira, Zaratustra, Mahoma, por una determinada razón: porque lo que ellos crearon es tan sutil que no serás capaz de captarlo. Lo que Miguel Ángel crea es burdo; lo que Van Gogh crea puede verse, es visible. Lo que un buda crea es absolutamente invisible. Para entenderlo se necesita un tipo totalmente diferente de receptividad. Para entender a un buda tienes que ser inteligente. No sólo es que la creación de Buda sea de una tremenda inteligencia, sino que es tan magnífica, tan supramental, que hasta para entenderla tendrás que ser inteligente. El intelecto no te servirá ni siquiera para entenderla.

Sólo crean dos tipos de personas: los poetas y los místicos. Los poetas crean en el mundo físico y los místicos crean en el mundo sutil. Los poetas crean en el mundo externo —una pintura, un poema, una canción, música, una danza— y el místico crea en el mundo interno. La creatividad del poeta es objetiva y la creatividad del místico es subjetiva, totalmente interior. Primero tienes que entender al poeta, sólo entonces podrás un día entender —por lo menos esperar entender un día— al místico. El místico es la flor más elevada de la creatividad. Pero tú podrías no ver nada de lo que está haciendo el místico.

> Creatividad significa traer algo nuevo a la existencia, hacer un lugar para que lo desconocido penetre en lo conocido, hacer un camino para que el Cielo baje a la Tierra. Cuando hay un Beethoven, o un Miguel Ángel o un Kalidas, el Cielo se abre, las flores empiezan a caer desde el más allá.

Buda nunca ha pintado ni una sola pintura, nunca ha tomado un pincel en sus manos, nunca ha compuesto un solo poema, nunca ha cantado una sola canción. Nadie le ha visto nunca bailar. Si le ves está sentado en silencio; todo su ser es silencio. Sí, le rodea una gracia, una gracia de infinita belleza, de exquisita belleza, pero necesitarás ser muy vulnerable para sentirla. Tendrás que ser muy abierto, no argumentativo. Con un buda no puedes ser un espectador; tendrás que participar, porque es un misterio para que se participe de él. Entonces verás que está creando. Está creando conciencia, y la conciencia es la forma de expresión más pura, la forma de expresión más elevada posible. Una canción es bella, una danza es hermosa porque algo de lo divino está presente en ella. Pero en un buda, Dios está presente por completo. Por eso hemos llamado a Buda «Bhagwan», hemos llamado a Mahavira «Bhagwan»; Dios está presente por completo.

La actividad intelectual puede haceros expertos en algunas cosas, prácticas, eficientes. Pero el intelecto está dando tumbos en la sombra. No tiene ojos, porque todavía no es meditativo. El intelecto es prestado, no tiene visión propia.

El tema era hacer el amor. Durante semanas Arturo había respondido con éxito a todas las preguntas que le habían hecho en el concurso televisivo. Ahora podía aspirar al bote acumulado de 20 millones de pesetas. Para la primera pregunta se le permitió llamar a un experto. Arturo por supuesto escogió a un profesor francés de sexología mundialmente famoso.

La pregunta millonaria era: «Si hubieras sido el rey durante los primeros cincuenta años del Imperio asirio, ¿qué tres partes de la anatomía de tu futura esposa se hubiera esperado que besaras en tu noche de bodas?»

Las primeras dos respuestas llegaron enseguida. Arturo respondió: —Sus labios y el cuello.

Ahora apocado por la respuesta a la tercera pregunta, Arturo se volvió desesperadamente hacia su experto. El francés levantando las dos manos respondió: —*Alors, mon ami*, a mí no me preguntes. Yo ya me he equivocado dos veces.

El experto, el erudito, el intelectual, no tiene una visión propia. Depende del conocimiento prestado, de la tradición, de la convención. Lleva bibliotecas enteras en la cabeza, un gran peso, pero no tiene visión. Sabe mucho sin saber nada en absoluto.

Y como la vida no es la misma, nunca —está constantemente cambiando, es nueva momento a momento— el experto siempre se queda atrás, su respuesta es siempre inadecuada. No puede responder porque no es espontáneo, sólo puede reaccionar. Ya ha sacado sus conclusiones; va cargado de respuestas preparadas y las preguntas que suscita la vida siempre son nuevas.

Además la vida no es un fenómeno lógico y el intelectual vive a través de la lógica; por eso nunca encaja con la vida y la vida nunca encaja con él. Por supuesto la vida no está perdida, es el intelectual quien está perdido. Se siente siempre como un extraño; no es que la vida le haya expulsado, él mismo ha decidido quedarse fuera de la vida. Si te aferras demasiado a la lógica nunca serás capaz de ser parte del proceso vivo de la existencia.

La vida es más que la lógica: la vida es paradoja, la vida es misterio.

> El experto, el erudito, el intelectual, no tiene una visión propia. Depende del conocimiento prestado, de la tradición, de la convención. Carga con bibliotecas en la cabeza, con un gran peso, pero no tiene visión.

Gannaway y O'Casey quedaron en batirse en un duelo de pistolas. Gannaway era bastante gordo y cuando vio a su adversario enfrente le objetó: — ¡Debar! —dijo—. Soy dos veces más ancho que tú, de modo que yo debería colocarme dos veces más lejos de ti que tú de mí.

Absolutamente lógico, pero ¿cómo lo vas a conseguir?

—Tranquilízate —replicó el segundo—. Enseguida lo arreglo. —Y agarrando un pedazo de tiza de su bolsillo dibujó dos líneas hacia abajo en el abrigo del gordo dejando un espacio entre ellas.

—Ahora —dijo él, volviéndose hacia O'Casey— dispara, y recuerda que todo disparo que dé fuera de las líneas de carbón no cuenta.

Perfectamente matemático, ¡perfectamente lógico!, pero la vida no es tan lógica, la vida no es tan matemática. Y la gente sigue viviendo en sus intelectos de una forma muy lógica. La lógica les da la sensación como si supieran, pero este «como si» es grande y uno tiende a olvidarse completamente. Cualquier cosa que estés haciendo a través del intelecto es sólo una inferencia. No es una experiencia de la verdad, sino sólo una inferencia basada en tu lógica; y tu lógica es un invento tuyo.

Cudahy se bebió la pinta de cerveza, mirando de pie el desfile del día de San Patricio. Sin darse cuenta tiró su cigarrillo encendido en un viejo colchón que estaba tirado en el bordillo de la acera.

Justo entonces los canosos miembros del Cuerpo de Mujeres Enfermeras pasaron pavoneándose. Al mismo tiempo, el colchón que se quemaba empezó a producir un olor espantoso. Cudahy olfateó un par de veces y le dijo al poli más cercano: —Oficial, ¡sus enfermeras están marchando demasiado rápido!

> Si te aferras demasiado a la lógica nunca serás capaz de ser parte del proceso vivo de la existencia. La vida es más que la lógica: la vida es paradoja, la vida es misterio.

El intelecto podría llegar a ciertas inferencias, pero el intelecto es un fenómeno inconsciente. Te comportas casi como si estuvieras dormido.

La inteligencia es despertar, y a menos que estés completamente despierto, todo lo que decidas de una forma u otra estará mal. Es inevitable que sea así, está destinado a estar mal porque es una conclusión alcanzada por una mente inconsciente.

Para actuar con inteligencia no necesitas más información, necesitas más meditación. Necesitas volverte más silencioso, necesitas pensar menos. Necesitas ser menos una mente y más un corazón. Necesitas hacerte consciente de la magia que te rodea; la magia que es la vida, la magia que es Dios, la magia que está en el verde de los árboles y en el rojo de las flores, la magia que está en los ojos de la gente. ¡La magia está por todas partes! Todo es milagroso, pero debido a tu intelecto te quedas encerrado dentro de ti, aferrado a tus estúpidas conclusiones alcanzadas en la inconsciencia, o dadas a ti por otros tan inconscientes como tú.

> El intelecto podría llegar a ciertas inferencias, pero el intelecto es un fenómeno inconsciente. Te comportas casi como si estuvieras dormido. La inteligencia es despertar, y a menos que estés completamente despierto, todo lo que decidas de una forma u otra estará mal.

Pero la inteligencia es indudablemente creativa, porque la inteligencia pone toda tu totalidad a funcionar; no sólo una parte, una pequeña parte, la cabeza. La inteligencia vibra en todo tu ser; cada célula de tu ser, cada fibra en tu vida empieza a bailar y entra en sutil armonía con la totalidad.

Esto es la creatividad: vibrar en absoluta armonía con la totalidad. Empezarán a pasar cosas espontáneamente. Tu corazón se pondrá a entonar canciones de alegría, tus manos empezarán a transformar cosas. Tocarás el barro y se transformará en un loto. Serás capaz de volverte un alquimista.

Pero sólo es posible a través de un gran despertar de la inteligencia, un gran despertar del corazón.

CREENCIA

Un creador no llevará con él muchas creencias; de hecho, ninguna. Llevará con él sólo sus propias experiencias. Y la belleza de la experiencia es que la experiencia siempre está abierta, porque permite seguir explorando. Y la creencia siempre está cerrada; llega a un punto final. La creencia siempre está terminada. La experiencia no acaba nunca, permanece incompleta. Mientras estés vivo, ¿cómo puede terminar tu experiencia? Tu experiencia está creciendo, está cambiando, se está moviendo. Está moviéndose continuamente desde lo conocido a lo desconocido y desde lo desconocido a lo incognoscible. Y recuerda, la experiencia es bella porque está sin terminar. Algunas de las canciones más grandes son aquellas que están sin terminar. Algunos de los grandes libros son aquellos que están sin terminar. Algunas de las músicas más grandes son aquellas que están sin terminar. Lo inacabado es bello.

He oído una parábola zen:

Un rey fue a un maestro zen para aprender jardinería. El maestro le enseñó durante tres años. El rey tenía un jardín grande y hermoso —tenía allí empleados a miles de jardineros—, y todo lo que el maestro decía, el rey iba y lo experimentaba en su jardín. Después de tres años el jardín estaba absolutamente listo y el rey invitó al maestro a que viniera a ver el jardín. El rey estaba además muy nervioso, porque el maestro era estricto: «¿Le gustará?» —esto iba a ser una especie de examen— «Dirá: "Sí, ¿tú me has entendido?".»

Y se habían ocupado de todo. El jardín estaba terminado con absoluta belleza; no le faltaba nada. Sólo entonces el rey trajo al maestro para que lo viera. Pero el maestro estuvo triste desde el principio. Miró a su alrededor, iba por el jardín de un lado a otro, cada vez se iba poniendo más serio. El rey se asustó mucho. Nunca le había visto tan serio: «¿Por qué parece tan triste? ¿Es que algo está mal?»

Y una y otra vez el maestro movía la cabeza, diciendo por dentro: «No.»

> Para actuar con inteligencia no necesitas más información, necesitas más meditación. Necesitas volverte más silencioso, necesitas pensar menos. Necesitas ser menos una mente y más un corazón.

Y el rey le preguntó: —¿Cuál es el problema, señor? ¿Algo está mal? ¿Por qué no me lo dice? Se está poniendo serio y triste, y mueve la cabeza negando. ¿Por qué? ¿Qué es lo que está mal? ¿No veo nada mal? Esto es lo que usted me ha estado enseñando y lo he puesto en práctica en este jardín.

El maestro dijo: —Está tan terminado que está muerto. Está tan completo; por eso movía la cabeza diciendo no. Tiene que estar sin terminar. ¿Dónde están las hojas muertas? ¿Dónde están las hojas secas? ¡No veo ni una sola hoja seca! —Todas las hojas secas habían sido retiradas; no había hojas secas en los caminos, no había hojas secas en los árboles, hojas que se habrían puesto amarillas. —¿Dónde están esas hojas?

El rey respondió: —Les he dicho a mis jardineros que quitaran todo. Quitar completamente todo lo que podáis.

—Por eso parece que tiene un aspecto tan aburrido, tan artificial —dijo el maestro—, las cosas de Dios nunca están terminadas. —Y el maestro salió corriendo al exterior del jardín. Allí estaban amontonadas todas las hojas secas: trajo unas cuantas hojas en un cubo, las lanzó a los vientos y el viento las tomó y empezó a jugar con las hojas secas y las esparció por los caminos. Estaba dichoso, y dijo—: ¡Mira que vivo parece! —Y con las hojas secas había entrado el sonido; la música de las hojas secas, el viento jugando con las hojas secas. Ahora el jardín tenía un murmullo; de lo contrario estaba apagado y muerto como un cementerio. Ese silencio no estaba vivo.

Me gusta esta historia. El maestro dijo: —Está tan terminado…, por eso está mal.

Justo la otra noche estuvo aquí una mujer. Me estuvo contando que estaba escribiendo una novela, y que estaba dándole vueltas sin saber qué hacer. Ha llegado a un punto en el que la puede terminar, pero tiene la posibilidad de alargarla; todavía no está completa. Le dije: —Acábala. Acábala mientras esté sin terminar, entonces tiene algo misterioso a su alrededor, está inacabada… —Y le dije: —Si tu personaje principal todavía quiere hacer algo, deja que se haga sannyasin, un buscador. Y entonces las cosas irán más allá de su capacidad. Entonces ¿qué vas a hacer? Entonces el libro llega a un final y sin embargo las cosas siguen creciendo.

Ninguna historia puede ser bella si está totalmente terminada. Estará completamente muerta. La experiencia siempre permanece abierta; eso quiere decir sin terminar. La creencia siempre está completa y terminada. La primera cualidad es una apertura a la experiencia.

La mente es el conjunto de todas tus creencias. Apertura significa no-mente; apertura significa que pones tu mente a un lado y estás dispuesto a volver a mirar a la vida, una y otra vez de una forma nueva, no con los mismos ojos. La mente te da esos mismos ojos, te vuelve a dar conceptos: «Mira a través de esto.» Pero entonces el objeto aparece coloreado; entonces no lo miras, entonces proyectas una idea sobre él. La verdad se convierte en una pantalla en la que tú proyectas. Mira a través de la no-mente, mira a través de la nada; *shunyata*. Cuando miras a través de la no-mente tu percepción es eficiente, porque entonces ves lo que es. Y la verdad libera. Todo lo demás crea esclavitud, sólo la verdad libera.

> La mente es el conjunto de todas tus creencias. Apertura significa no-mente, apertura significa que pones tu mente a un lado y estás dispuesto a volver a mirar a la vida, una y otra vez de una forma nueva, no con los mismos ojos.

En esos momentos de no-mente la verdad empieza a filtrarse en ti como la luz. Cuanto más disfrutas de esta luz, de esta verdad, más capaz y valiente te vuelves de renunciar a la mente. Antes o después llega un día en el que miras y no tienes mente alguna. No estás buscando nada, estás simplemente mirando. Tu mirada es pura. En ese momento te conviertes en un *avalokita*, el que mira con ojos puros. Ése es uno de los nombres de Buda: «Avalokita.» Él mira sin ideas, simplemente mira.

LA CREATIVIDAD NO TIENE NADA QUE VER CON NINGUNA ACTIVIDAD EN PARTI-
CULAR, con la pintura, con la poesía, la danza, el canto; no tiene nada
que ver con nada en particular. Cualquier cosa puede ser creativa;
eres tú el que trae esa cualidad a la actividad. La actividad en sí misma no es ni creativa ni no creativa. Puedes pintar de un modo no creativo, puedes pintar de una forma no creativa. Puedes limpiar el suelo de una manera creativa, puedes cocinar de una forma creativa.

La creatividad es la cualidad que aportas a la actividad que estás
haciendo. Es una actitud, una perspectiva interna; cómo miras a las
cosas.

> La creatividad es la
> cualidad que
> aportas a la
> actividad que estás
> haciendo. Es una
> actitud, una
> perspectiva interna;
> cómo miras a las
> cosas.

Por eso lo primero que hay que recordar es no limitar la creatividad a
nada en particular. Es la persona la
que es creativa y si un hombre es
creativo entonces en todo lo que hace,
incluso cuando camina puedes verlo
en su forma de caminar, hay creatividad. Incluso si se sienta en silencio y
no hace nada; incluso ese no hacer
será un acto creativo. Buda sentado
bajo el árbol de la iluminación sin hacer nada es el mayor creador que el
mundo ha conocido jamás.

Una vez que lo entiendes —que
eres tú, la persona, la que es creativa o
no creativa—, entonces el problema de sentir que no eres creativo
desaparece.

No todo el mundo puede ser un pintor; y tampoco hace falta. Si
todo el mundo es pintor el mundo será horrible; ¡será difícil vivir!
No todo el mundo puede ser un bailarín, y no hace falta. Pero todo
el mundo puede ser creativo.

Hagas lo que hagas, si lo haces con alegría, si lo haces con amor,
si tu acción no es puramente económica, entonces es creativo. Si a
partir de esto algo crece en tu interior, si te hace crecer, es espiritual, es creativo, es divino.

Cuanto más creativo te vuelves, más divino te vuelves. Todas las religiones del mundo han dicho que Dios es el Creador. No sé si él es el Creador o no, pero sé una cosa: cuanto más creativo te vuelves, más divino te vuelves. Cuando tu creatividad llega a un clímax, cuando toda tu vida se vuelve creativa, vives en Dios. De modo que debe de ser el Creador porque las personas que han sido creativas han sido las que más se le han acercado.

Ama lo que haces. Sé meditativo mientras lo estás haciendo; ¡sea lo que sea! Sin dar importancia a lo que sea. Entonces sabrás que hasta limpiando puede uno ser creativo. ¡Con qué amor! Casi cantando y bailando por dentro. Si limpias el suelo con un amor así, has hecho una pintura invisible. Viviste ese momento con tanta dicha que en tu interior ha habido un crecimiento. No puedes ser el mismo después de un acto creativo.

La creatividad significa amar lo que estás haciendo; ¡disfrutarlo, celebrarlo! Quizá nadie llegue a enterarse. ¿Quién te va a alabar por limpiar el suelo? La historia no lo tendrá en cuenta; los periódicos no publicarán tu nombre y tu foto, pero eso no tiene importancia. Lo disfrutaste. Su valor es intrínseco.

> Hagas lo que hagas, si lo haces con alegría, si lo haces con amor, si tu acción no es puramente económica, entonces es creativo.

Por eso si estás buscando la fama y después te crees que eres creativo —si te vuelves famoso como Picasso, entonces eres creativo—, te equivocarás. Entonces, de hecho, no eres creativo en absoluto; eres un político, ambicioso. Si la fama llega, bien. Si no llega, también. No debería de ser un motivo a considerar. El motivo debería ser que estés disfrutando todo lo que estés haciendo. Es tu historia de amor.

Si tu acto es tu historia de amor, entonces se vuelve creativo. Las pequeñas cosas se vuelven grandes con un poco de amor y júbilo.

Pero si crees que no eres creativo, te volverás no creativo; porque la creencia no es sólo una creencia. Abre puertas; cierra puertas. Si tienes una creencia errónea, entonces te rondará como una puerta cerrada. Si te crees que no eres creativo te volverás no creativo, porque la creencia obstruirá, negará continuamente todas las posibilidades de que fluyas. No permitirá que tu energía fluya porque continuamente estará diciendo: «No soy creativo.»

A todo el mundo le han enseñado esto. Muy poca gente es aceptada como creativa: algunos pintores, algunos poetas, uno entre un millón. ¡Es una tontería! Todo ser humano nace siendo creativo.

Observa a los niños y lo verás: todos los niños son creativos. Poco a poco, destruimos su creatividad. Poco a poco, les imponemos creencias erróneas. Poco a poco, los distraemos. Poco a poco, los hacemos cada vez más interesados, políticos y ambiciosos.

Cuando la ambición aparece, la creatividad desaparece, porque un hombre ambicioso no puede ser creativo, un hombre ambicioso no puede amar ninguna actividad en sí misma. Mientras está pintando está mirando hacia delante; está pensando: «¿Cuándo me van a dar el premio Nobel?» Cuando está escribiendo una novela está mirando hacia delante, siempre está en el futuro; y una persona creativa está siempre en el presente.

> ☙
>
> Si la fama llega, bien. Si no llega, también. No debería de ser un motivo a considerar. El motivo debería ser que estés disfrutando todo lo que estés haciendo. Es tu historia de amor.

Destruimos la creatividad. Todo el mundo nace creativo, pero hacemos al noventa y nueve por ciento de las personas no creativas. Pero echarle la culpa a la sociedad no nos servirá de nada. Tienes que tomar tu vida en tus propias manos. Tienes que liberarte de los condicionamientos equivocados. Tienes que liberarte de las autosugestiones hipnóticas equivocadas que te han dado en la infancia. ¡Quítatelas! Purifícate de todos los condicionamientos... y de repente te darás cuenta de que eres creativo.

Ser y ser creativo son sinónimos. Es imposible ser y no ser creativo. Pero esa cosa imposible ha sucedido, ese feo fenómeno ha sucedido, porque todos tus recursos creativos han sido taponados, bloqueados, destruidos, y toda tu energía ha sido encarrilada hacia una actividad que la sociedad piensa que va a ser lucrativa.

Toda nuestra actitud sobre la vida está orientada hacia el dinero. Y el dinero es una de las cosas menos creativas en que uno se puede interesar. Todo nuestro enfoque va orientado al poder y el poder es destructivo, no creativo. Un hombre que va detrás del dinero se volverá destructivo, porque el dinero hay que robarlo, hay que explotar; hay que quitárselo a otra gente, sólo entonces lo puedes tener. El poder simplemente significa que tienes que hacer a mucha gente impotente, los tienes que destrozar; sólo entonces serás poderoso, puedes ser poderoso.

> La creencia no es sólo una creencia. Abre puertas, cierra puertas. Si tienes una creencia errónea, entonces te rondará como una puerta cerrada. Si te crees que no eres creativo te volverás no creativo, porque la creencia obstruirá, negará continuamente todas las posibilidades de que fluyas.

Recuerda: éstos son actos destructivos. Un acto creativo realza la belleza del mundo; le da algo al mundo, nunca toma nada de él. Cuando una persona creativa llega al mundo, realza la belleza del mundo; una canción aquí, una pintura allí. Hace que el mundo baile mejor, disfrute mejor, ame mejor, medite mejor. Cuando deja este mundo, deja detrás de él un mundo mejor. Quizá no le conozca nadie, quizá le conozca alguien, no se trata de eso; pero deja un mundo mejor, tremendamente satisfecho porque su vida ha tenido un valor intrínseco.

El dinero, el poder, el prestigio, no son creativos; no sólo son actividades no creativas sino que son destructivas. ¡Ten cuidado con ellos! Y si tienes cuidado con ellos te puedes volver creativo muy fácilmente. No estoy diciendo que tu creatividad te vaya a dar poder, prestigio, dinero. No, no te puedo prometer ningún jardín de rosas. Quizá te cree problemas. Te podrían obligar a vivir como un pobre. Todo lo que te puedo prometer es que en lo más profundo serás el hombre más rico posible; en lo más profundo estarás satisfecho; en lo más profundo estarás lleno de alegría y celebración. Estarás continuamente recibiendo cada vez más bendiciones. Tu vida será una vida de bendición.

Es posible que por fuera quizá no seas famoso, quizá no tengas dinero, quizá no tengas éxito en el así llamado mundo. Pero tener éxito en el así llamado mundo es fracasar profundamente, es fracasar en el mundo interior. Y ¿qué vas a hacer con todo el mundo a tus pies si te has perdido a ti mismo? ¿Qué harás si posees el mundo entero y no te posees a ti mismo? Una persona creativa posee su propio ser; es un maestro.

> Muy poca gente es aceptada como creativa: algunos pintores, algunos poetas, uno entre un millón. ¡Es una tontería! Todo ser humano nace siendo creativo. Observa a los niños y lo verás: todos los niños son creativos.

Por eso en Oriente hemos estado llamando a los buscadores *swamis*. *Swami* quiere decir maestro. Los mendigos han sido llamados *swamis*; maestros. Hemos conocido a emperadores, pero han demostrado en la suma final, en la conclusión final de sus vidas, que eran mendigos. Un hombre que va detrás del dinero, del poder y del prestigio es un mendigo, porque continuamente pide. No tiene nada que darle al mundo.

Da. ¡Comparte todo lo que puedas! Y recuerda, no estoy haciendo ninguna distinción entre cosas pequeñas o grandes cosas. Si puedes sonreír de todo corazón, tomarle a alguien de la mano y sonreír, eso es un acto creativo, un gran acto creativo. Abraza a alguien de todo corazón y estás siendo creativo. Mira con ojos amorosos a alguien…, una mirada amorosa puede cambiar el mundo entero de una persona.

Sé creativo. No te preocupes de lo que estás haciendo, uno tiene que hacer muchas cosas, pero hazlo todo creativamente, con devoción. Entonces tu trabajo se convierte en veneración. Entonces todo lo que haces es oración. Y todo lo que haces es una ofrenda en el altar.

Renuncia a todas las creencias que te dicen que no eres creativo. Yo sé cómo se crean esas creencias: tú quizá no hayas sido medalla de oro en la universidad, quizá no hayas sido el mejor de la clase. Tu pintura quizá no haya sido apreciada; cuando tocas la flauta, ¡los vecinos llaman a la policía! Pero sólo por estas cosas no adoptes la creencia equivocada de que no eres creativo.

Quizá sea porque estás imitando a otros. La gente tiene una idea muy limitada de lo que es ser creativo —tocar la guitarra o la flauta o escribir poesía—, de modo que la gente sigue escribiendo basura en el nombre de la poesía. Tienes que averiguar qué puedes hacer y qué no puedes hacer. ¡No todo el mundo puede hacerlo todo! Tienes que buscar y encontrar tu destino. Tienes que andar a tientas en la oscuridad, lo sé. No está muy claro cuál es tu destino; pero así es la vida. Y es bueno que uno tenga que buscarlo; en la misma búsqueda, algo crece.

> Si puedes sonreír de todo corazón, tomarle a alguien de la mano y sonreír, eso es un acto creativo, un gran acto creativo. Abraza a alguien de todo corazón y estás siendo creativo. Mira con ojos amorosos a alguien..., una mirada amorosa puede cambiar el mundo entero de una persona.

Si cuando estuvieras entrando en el mundo te dieran un mapa —«Ésta será tu vida: vas a ser guitarrista»—, entonces tu vida sería mecánica. Sólo se puede predecir una máquina, no un hombre. El hombre es impredecible. El hombre siempre es una apertura... un potencial para mil y una cosas. Se abren muchas puertas y siempre están presentes muchas alternativas en cada etapa; y tienes que escoger, tienes que sentir. Pero si amas tu vida serás capaz de encontrarlo.

Si no amas tu vida y amas otra cosa, entonces hay un problema. Si amas el dinero y quieres ser creativo, no te puedes volver creativo. La misma ambición del dinero va a destruir tu creatividad. Si quieres fama, entonces olvídate de la creatividad. Es más fácil hacerte famoso si eres destructivo. Es más fácil que un Adolf Hitler se haga famoso, es más fácil que un Henry Ford se haga famoso. Es más fácil hacerte famoso si eres competitivo, violentamente competitivo. Es más fácil hacerte famoso, si puedes matar y destruir gente.

> *Si realmente quieres ser creativo, entonces no se trata de dinero, éxito, prestigio, respetabilidad, entonces disfrutas de tu actividad, entonces cada acto tiene un valor intrínseco. Bailas porque te gusta bailar; bailas porque disfrutas de ello.*

Toda la historia es la historia de los asesinos. Si te conviertes en un asesino es muy fácil que alcances la fama. Te puedes convertir en un primer ministro, te puedes convertir en presidente, pero todo esto son máscaras. Detrás de ellas encontrarás escondidas gente muy violenta, gente terriblemente violenta, sonriendo. Esas sonrisas son políticas, diplomáticas. Si la máscara cae siempre encontrarás escondido detrás a un Genghis Khan, un Tamurlaine, un Nadir Shah, un Napoleón, un Alejandro Magno, un Hitler.

Si anhelas la fama, no hables de creatividad. No estoy diciendo que la persona creativa nunca alcance la fama; pero raramente llega, muy raramente. Es más por accidente, y lleva mucho tiempo. Casi siempre sucede que cuando la persona creativa alcanza la fama, ya no está; es siempre póstuma, llega con retraso.

Jesús no fue famoso en su época. Si no hubiera sido por la Biblia no habría quedado constancia de él. Esta constancia pertenece a sus cuatro discípulos; nadie más le ha mencionado nunca, si existió o no. No era famoso. No había triunfado. ¿Puedes imaginar un fracaso más grande que el de Jesús? Pero, poco a poco, se fue haciendo cada vez más importante; poco a poco la gente le reconoció. Lleva tiempo.

Cuanto más grande es la persona, más tiempo le cuesta a la gente reconocerlo; porque cuando una gran persona nace, no hay un criterio para juzgarle, no vas a encontrar mapas junto a él. Él tiene que crear sus propios valores; para cuando ha creado sus propios valores, ya se ha ido. A la persona creativa le cuesta cientos de años ser reconocida, y eso tampoco es seguro. Ha habido mucha gente creativa que no ha sido reconocida nunca. Es accidental que una persona creativa triunfe. Para una persona no creativa, para una persona destructiva es más probable.

Por eso si estás buscando algo en el nombre de la creatividad, entonces renuncia a la idea de ser creativo. Por lo menos conscientemente, deliberadamente, haz todo lo que quieras hacer. Nunca te ocultes detrás de máscaras. Si realmente quieres ser creativo, entonces no se trata de dinero, éxito, prestigio, respetabilidad; entonces disfrutas de tu actividad, entonces cada acto tiene un valor intrínseco. Bailas porque te gusta bailar; bailas porque disfrutas de ello. Si alguien lo aprecia, bien, sientes agradecimiento. Si nadie lo aprecia, no es asunto tuyo preocuparte de ello. Has bailado, has disfrutado; ya estás satisfecho.

Pero cualquier creencia que diga que no eres creativo puede ser peligrosa. ¡Déjala caer! Todo el mundo es creativo; hasta los árboles, hasta las rocas. La gente que ha conocido los árboles, y ha amado a los árboles, sabe que cada árbol crea su propio espacio. Cada roca crea su propio espacio, distinto del espacio de cualquier otra. Si te vuelves sensitivo, si consigues ser capaz de entender a través de la empatía, saldrás tremendamente beneficiado. Verás que cada árbol es creativo a su manera; ningún otro árbol es así; cada árbol es único, cada árbol tiene una individualidad. Cada roca tiene individualidad. Los árboles no son sólo árboles; son personas. Las rocas no son sólo rocas; son personas. Ve y siéntate junto a una roca; mírala amorosamente, tócala amorosamente, siéntela amorosamente.

Se contaba de un maestro zen que era capaz de tirar de rocas muy grandes, de desplazar rocas muy grandes; y era un hombre muy frágil. ¡Mirando su físico, parecía casi imposible! Hombres más fuertes, mucho más fuertes que él, eran incapaces de arrastrar esas rocas, y él las movía con mucha facilidad.

Le preguntaron cuál era su truco. Él dijo: —No hay truco; yo amo la roca, por eso la roca me ayuda. Primero le digo: «Mi prestigio está en tus manos, y esa gente ha venido a mirar. Ayúdame, coopera conmigo.» ¿De acuerdo? Luego simplemente agarro la roca amorosamente… y espero a la señal. Cuando la roca me da la señal —es una sacudida, toda mi columna empieza a vibrar—, cuando la roca me da la señal de que está lista, entonces me muevo. Vosotros os movéis en contra de la roca; por eso os hace falta tanta energía. Yo me muevo con la roca, fluyo con la roca. De hecho, es falso decir que la quité de ahí; yo estoy allí simplemente. La roca se mueve ella sola.

> Cada persona llega a este mundo con un destino específico; tiene algo que cumplir, tiene algún mensaje que transmitir, tiene que completar algún trabajo. No estás aquí accidentalmente; estás aquí de una manera muy significativa. Hay un propósito detrás de ti. La totalidad intenta hacer algo a través de ti.

Un gran maestro zen era carpintero, y siempre que hacía mesas, sillas, de alguna forma había en ellas una cualidad inefable, un tremendo magnetismo. Le preguntaron: —¿Cómo las haces?

—No las hago —dijo él—, sencillamente voy al bosque: lo básico es preguntarle al bosque, a los árboles, qué árbol está dispuesto a convertirse en una silla.

Ahora bien, estas cosas parecen absurdas porque no sabemos, no conocemos el lenguaje. Durante tres días permanecía en el bosque. Se sentaba bajo un árbol, luego bajo otro árbol, hablaba con los árboles; ¡y estaba loco! Pero un árbol es juzgado por su fruto, y este maestro era también juzgado por su creación. Algunas de sus sillas todavía existen en China; todavía tienen magnetismo. Sencillamente serás atraído; no sabrás qué es lo que está tirando de ti. ¡Después de mil años!; algo tremendamente hermoso...

Él dijo: —Voy y digo que estoy buscando un árbol que quiera convertirse en una silla. Les pregunto a los árboles si quieren; no sólo si quieren, sino si desean colaborar conmigo, si están dispuestos a venir conmigo; sólo entonces. A veces sucede que no hay ningún árbol dispuesto a venir conmigo y regreso con las manos vacías.

Sucedió. El emperador de China le pidió que le hiciera un estante para sus libros. Él se fue y después de tres días le dijo: —Espera; no hay ningún árbol que quiera venir a palacio.

Después de tres meses el emperador le volvió a preguntar. El carpintero le dijo: —He estado yendo continuamente. Les estoy convenciendo. Espera; parece que hay un árbol que se está inclinando un poquito.

Entonces convenció a un árbol. Él dijo: —¡En esto reside todo el arte! Cuando el árbol viene por voluntad propia, entonces simplemente está pidiendo la ayuda del carpintero.

Si eres amoroso verás que toda la existencia tiene individualidad. No trates las cosas a empujones. Observa, comunícate, déjate ayudar y ahorrarás mucha energía.

Hasta los árboles son creativos, hasta las rocas son creativas. Eres un hombre, la cúspide misma de esta existencia. Estás en la cima, eres consciente. Nunca hagas caso de las creencias erróneas, y nunca te aferres a creencias erróneas que te dicen que no eres creativo. Quizá tu padre te dijo que no eras creativo, tus colegas te dijeron que no eras creativo. Quizá estabas buscando en direcciones equivocadas, en direcciones en las que no eras creativo. Pero debe de haber una dirección en la que seas creativo. Busca, investiga, permanece abierto y sigue tanteando hasta que la encuentres.

Cada persona llega a este mundo con un destino específico; tiene algo que cumplir, tiene algún mensaje que transmitir, tiene que completar algún trabajo. No estás aquí accidentalmente; estás aquí de una manera muy significativa. Hay un propósito detrás de ti. La totalidad intenta hacer algo a través de ti.

EL JUEGO DE LA FAMA

Toda la estructura de nuestra vida es tal que se nos enseña que a menos que tengamos reconocimiento no somos nadie, no valemos nada. El trabajo no es importante, pero sí el reconocimiento. Y esto es poner las cosas boca abajo. El trabajo debería ser lo importante; una alegría en sí mismo. Deberías trabajar no para ser reconocido sino porque disfrutas de ser creativo; amas el trabajo en sí mismo.

Ésta debería de ser la manera de ver las cosas; trabajas si te gusta. No pidas reconocimiento. Si llega, tómalo con calma; si no llega, no pienses sobre ello. Tu satisfacción debería estar en el mismo trabajo. Y si todo el mundo aprende el sencillo arte de amar su trabajo, sea cual sea, disfrutar sin pedir ningún reconocimiento, tendremos un mundo más hermoso y celebrativo.

Tal como es ahora, el mundo te tiene atrapado en un patrón miserable. Lo que haces no es bueno porque te guste, porque lo hagas perfectamente, sino porque el mundo lo reconoce, lo premia, te da medallas de oro, te dan premios Nobel. Puesto que no pueden conceder millones de premios Nobel, le han quitado todo el valor intrínseco a la creatividad y han destruido a millones de personas. Han creado el deseo de reconocimiento en todo el mundo, de modo que nadie puede trabajar en paz, silenciosamente, disfrutando de lo que está haciendo. Y la vida consiste en pequeñas cosas. Para esas pequeñas cosas no hay recompensa, los gobiernos no te dan títulos, las universidades no te dan títulos honoríficos.

Uno de los grandes poetas de este siglo, Rabindranath Tagore, vivió en Bengala, India. Había publicado su poesía, sus novelas, en bengalí; pero no obtuvo ningún reconocimiento. Entonces tradujo el pequeño libro, *Gintanjali*, «Ofrenda de Canciones», al inglés. Y él era consciente de que el original tiene una belleza que la traducción no tiene y no puede tener; porque son dos lenguas diferentes. El bengalí y el inglés tienen diferentes estructuras, diferentes maneras de expresarse.

El bengalí es muy dulce. Incluso si estás peleando, parece que estás enzarzado en una hermosa conversación. Es muy musical; cada palabra es musical. El inglés no tiene esa cualidad y no se le puede añadir; tiene cualidades diferentes. Pero de alguna manera consiguió traducirlo, y la traducción —que es pobre comparada con el original— recibió el premio Nobel. Entonces de repente toda India se hizo consciente... El libro había estado disponible en bengalí y en otras lenguas indias y durante años nadie se había enterado.

Todas las universidades querían darle un doctorado en literatura. Calcuta, donde él vivía, fue la primera universidad, obviamente, en ofrecer un doctorado «honoris causa». Él lo rechazó. Dijo: —No me estáis dando un título a mí; no estáis reconociendo mi trabajo, estáis dando reconocimiento al premio Nobel, porque el libro ha estado aquí de una forma mucho más bella y nadie se ha molestado siquiera en escribir una apreciación. —Rechazó recibir cualquier doctorado en literatura. Dijo—: Me parece insultante.

Jean-Paul Sartre, uno de los grandes novelistas y un hombre con una tremenda comprensión de la psicología humana, rechazó el premio Nobel. Dijo: —He recibido suficiente recompensa mientras estaba realizando mi trabajo. Un premio Nobel no puede añadirle nada; al contrario, me hunde. Está bien para los aficionados que van buscando reconocimiento; yo soy lo suficientemente viejo y he disfrutado lo suficiente. Me ha gustado todo lo que he hecho. Ésa fue la recompensa y no quiero ninguna otra recompensa, porque no puede haber nada mejor de lo que ya he recibido. —Y tenía razón. Pero la gente correcta es muy escasa en el mundo y el mundo está lleno de gente errónea que vive atrapada.

¿Por qué deberías de preocuparte del reconocimiento? Preocuparte por tu reconocimiento tiene sentido sólo si no te gusta tu trabajo; entonces tiene un sentido, entonces puede ser un sustituto. Odias tu trabajo, no te gusta, pero lo estás haciendo porque te dará reconocimiento; serás apreciado, aceptado. En lugar de pensar en el reconocimiento, reconsidera tu trabajo. ¿Te gusta? Entonces eso basta. ¡Si no te gusta, cámbialo!

Los padres, los profesores, están siempre haciendo hincapié en que debes ser reconocido, en que debes ser aceptado. Ésta es una estrategia muy ingeniosa para mantener a la gente bajo control.

> ❧
>
> Preocuparte por tu reconocimiento tiene sentido sólo si no te gusta tu trabajo; entonces tiene un sentido, entonces puede ser un sustituto. Odias tu trabajo, no te gusta, pero lo estás haciendo porque te dará reconocimiento; serás apreciado, aceptado.

Aprende una cosa básica: Haz todo lo que quieras hacer, todo lo que te guste hacer, y nunca pidas reconocimiento. Eso es mendigar. ¿Por qué deberías pedir reconocimiento? ¿Por qué deberías anhelar aceptación?

Mira profundamente en tu interior. Quizá no te guste lo que estás haciendo, quizá tengas miedo de estar en el camino equivocado. La aceptación te ayudará a sentir que estás en lo cierto. El reconocimiento te hará sentir que vas hacia el objetivo correcto.

El problema son tus propios sentimientos internos; no tiene nada que ver con el mundo exterior. Y ¿por qué depender de otros? Todas esas cosas dependen de otros; tú mismo te estás volviendo dependiente.

Yo no voy a aceptar ningún premio Nobel. Todas esas críticas de todas las naciones alrededor del mundo, de todas las religiones, tienen más valor para mí. Aceptar el premio Nobel significa que me estoy volviendo dependiente; ya no estaré orgulloso de mí mismo sino del premio Nobel. Ahora mismo sólo me puedo sentir orgulloso de mí mismo; no puedo estar orgulloso de nada más.

De esa manera te vuelves un individuo. Y ser un individuo viviendo en total libertad, sobre tus propios pies, bebiendo de tus propias fuentes, es lo que hace a un hombre centrado, enraizado. Ése es el principio de su florecimiento final.

Las así llamadas personas reconocidas, la gente distinguida en algo, están llenas de basura y nada más. Pero están llenas de la basura con que la sociedad quiere que se llenen; y la sociedad les compensa dándoles premios.

Cualquier hombre que tenga un sentido de su propia individualidad vive de su propio amor, de su propio trabajo, sin ocuparse en absoluto de lo que piensan los demás. Cuanto más valioso sea tu trabajo, menos posibilidades de conseguir alguna respetabilidad por él. Y si tu trabajo es el trabajo de un genio entonces no vas a ser respetado durante tu vida. Durante tu vida serás criticado…, luego, después de dos o tres siglos, te harán estatuas, tus libros serán respetados; porque a la humanidad le cuesta casi dos o tres siglos reunir tanta inteligencia como la que hoy tiene el genio. La diferencia es enorme.

Si eres respetado por idiotas tienes que comportarte de acuerdo a sus costumbres, a sus expectativas. Para ser respetado por una humanidad enferma tienes que estar más enfermo que ellos. Entonces te respetarán. Pero ¿qué ganarás tú? Perderás tu alma y no ganarás nada.

> Cualquier hombre que tenga un sentido de su propia individualidad vive de su propio amor, de su propio trabajo, sin ocuparse en absoluto de lo que piensan los demás.

Las cuatro llaves

❧

Siempre que creas saboreas la vida, y dependerá de tu intensidad,
de tu totalidad. La vida no es un problema filosófico, es un misterio
religioso. Entonces todo se puede convertir en la puerta; incluso
limpiar el suelo. Si lo puedes hacer creativamente, amorosamente,
con totalidad, conocerás el sabor de la vida.

VUELVE A SER UN NIÑO

VUELVE a ser un niño y serás creativo. Todos los niños son creativos. La creatividad necesita libertad: estar libre de la mente, estar libre del conocimiento, estar libre de prejuicios. Una persona creativa es aquella que puede intentar lo nuevo. Una persona creativa no es un robot. Los robots nunca son creativos, son repetitivos. Por eso, vuelve a ser un niño.

Y te quedarás sorprendido porque todos los niños son creativos; todo los niños, nazcan donde nazcan son creativos. Pero nosotros no permitimos su creatividad, aplastamos y matamos su creatividad, saltamos sobre ellos. Empezamos a enseñarles la manera correcta de hacer las cosas.

Recuerda, una persona creativa siempre está probando caminos incorrectos. Nunca serás creativo si para hacer algo siempre sigues el camino correcto, porque el camino correcto significa el camino descubierto por otros. Y el camino correcto significa que, por supuesto, serás capaz de hacer algo, serás un productor, un fabricante, serás un técnico, pero no serás un creador.

¿Cuál es la diferencia entre un productor y un creador? Un productor conoce la forma correcta de hacer una cosa, el modo más económico de hacer una cosa; con el menor esfuerzo puede obtener más resultados. Es un productor. Un creador hace el tonto. No sabe cuál es la forma correcta de hacer una cosa, de modo que sigue buscando e investigando muchas veces en diferentes direcciones. Muchas veces va en la dirección equivocada; pero por donde va, aprende. Se va enriqueciendo. Hace algo que nadie ha hecho nunca antes. Si hubiera seguido el camino correcto de hacer las cosas no hubiera sido capaz de hacerlo.

Escucha esta pequeña historia.

Una profesora de la escuela dominical les pidió a sus estudiantes que dibujaran una imagen de la Sagrada Familia. Después de que le trajeran los dibujos, vio que algunos de los más jóvenes habían hecho dibujos convencionales; la Sagrada Familia en el comedor, la Sagrada Familia en la mula, y parecidos.

Pero llamó a un niño pequeño para pedirle que explicara su dibujo, que mostraba un avión con cuatro cabezas saliendo de las ventanas del aparato.

—Puedo entender —dijo ella— por qué dibujaste tres de las cabezas que muestran a San José, María y Jesús. Pero ¿quién es la cuarta cabeza?

—Oh —dijo el niño—, ¡ése es Poncio el Piloto!

¡Una bella respuesta! Esto es creatividad. Ha descubierto algo. Pero sólo un niño puede hacer eso. A ti te dará miedo hacerlo, te dará miedo hacer el ridículo.

Un creador tiene que ser capaz de parecer ridículo. Un creador tiene que arriesgar su supuesta respetabilidad. Por eso siempre ves

> ⌖
>
> Recuerda, una persona creativa siempre está probando caminos incorrectos. Nunca serás creativo si para hacer algo siempre sigues el camino correcto, porque el camino correcto significa el camino descubierto por otros.

que los poetas, los pintores, los bailarines, los músicos, no son gente muy respetable. Y cuando se vuelven respetables, cuando les dan un premio Nobel, dejan de ser creativos. Desde ese momento la creatividad desaparece.

¿Qué sucede? ¿Has visto jamás a un premio Nobel volver a escribir otra cosa que tenga algún valor? ¿Has visto a cualquier persona respetable hacer algo creativo? Le entra miedo. Si hace algo mal, si algo va mal, ¿qué le sucederá a su prestigio? No puede permitirse eso. Por eso cuando un artista se vuelve respetable, muere.

Sólo aquellos que están dispuestos a arriesgar su prestigio, su orgullo, su respetabilidad, una y otra vez, y pueden adentrarse en algo que nadie piensa que valga la pena meterse… Siempre se piensa que los creadores están locos. El mundo los reconoce, pero muy tarde. Sigue pensando que hay algo erróneo en ellos. Los creadores son gente excéntrica.

Y recuérdalo otra vez, cada niño nace con todas las capacidades para volverse un creador. Todos los niños, sin ninguna excepción, tratan de ser creadores pero no se lo permitimos. Inmediatamente empezamos a enseñarles el modo correcto de hacer algo;

> Un creador tiene que ser capaz de parecer ridículo. Un creador tiene que arriesgar su supuesta respetabilidad. Por eso siempre ves que los poetas, los pintores, los bailarines, los músicos, no son gente muy respetable.

y una vez que han aprendido el modo correcto de hacer algo se vuelven robots. Continúan haciendo lo correcto una y otra vez, y cuanto más lo hacen más eficientes se vuelven. Y cuanto más eficientes se vuelven, más respetados son.

En algún momento entre los siete y los catorce años sucede un gran cambio en el niño. Los psicólogos han estado investigando el fenómeno… ¿por qué sucede?, y ¿qué sucede?

Tú tienes dos mentes, dos hemisferios en el cerebro. El hemisferio izquierdo es el de la mente no creativa. Es muy capaz técnicamente pero en lo que se refiere a la creatividad es absolutamente impotente. Sólo puede hacer algo una vez que lo haya aprendido; y lo puede hacer de un modo muy eficiente, perfectamente; es mecánico. El hemisferio izquierdo es el hemisferio racional, lógico, matemático. Es el hemisferio del cálculo, el ingenio, la disciplina, el orden.

El hemisferio derecho es justo lo opuesto. Es el hemisferio del caos, no del orden; es el hemisferio de la poesía, no de la prosa, es el hemisferio del amor, no de la lógica. Tiene una gran capacidad para la belleza, tiene una gran penetración para la originalidad; pero no es eficiente, no puede ser eficiente. El creador no puede ser eficiente, tiene que seguir experimentando.

El creador no puede asentarse en ningún sitio. El creador es un vagabundo; lleva su tienda de campaña en sus espaldas. Sí, puede quedarse una noche, pero por la mañana se habrá ido; por eso le llamo un vagabundo. No es nunca un cabeza de familia. No puede asentarse, asentarse para él significa la muerte. Siempre está dispuesto a correr riesgos. Está enamorado del riesgo.

Pero éste es el hemisferio derecho. El hemisferio derecho está funcionando cuando el niño nace; el hemisferio izquierdo no está funcionando. Entonces empezamos a enseñar al niño, sin saber, de una forma acientífica. A través de los siglos hemos aprendido el truco para cambiar la energía del hemisferio derecho al hemisferio izquierdo; cómo paralizar el hemisferio derecho y cómo echar a andar el hemisferio izquierdo. En eso consiste todo nuestro aprendizaje. Desde el jardín de infancia hasta la universidad, ésa es toda nuestra preparación y nuestra, así llamada, educación. Es un esfuerzo para destruir el hemisferio derecho y ayudar al hemisferio izquierdo. En algún momento entre los siete y los catorce años tenemos éxito y el niño muere, el niño es destrozado.

Entonces el niño deja de ser salvaje; se convierte en un ciudadano. Entonces aprende el camino de la disciplina, el idioma, la lógica, la prosa. Empieza a competir en la escuela, se vuelve un egoísta, empieza a aprender todas las cosas neuróticas que prevalecen en la sociedad. Se interesa más por el poder, el dinero, y empieza a pensar cómo puede educarse más y volverse más poderoso. Cómo tener más dinero, cómo tener una casa más grande, y todo eso..., da un giro. Entonces el hemisferio derecho funciona cada vez menos; o funciona sólo cuando estás soñando, muy dormido. O a veces cuando has tomado alguna droga...

El gran atractivo de las drogas en Occidente sólo se produce porque Occidente ha tenido éxito destruyendo completamente el hemisferio derecho, por culpa de la educación obligatoria. Occidente se ha vuelto demasiado educada; eso significa que se ha ido hasta el mismo extremo, hacia un lado. Ahora parece no haber posibilidad..., las drogas no van a desaparecer a menos que se introduzcan en las universidades, en los colegios y en las escuelas algunas pautas que puedan ayudar al hemisferio derecho a revivir otra vez. No hay posibilidad de prohibir las drogas sólo con una ley. No hay manera de hacer que se cumpla a menos que el equilibrio interno sea de nuevo restituido.

El atractivo de la droga consiste en que inmediatamente cambias de marcha; del hemisferio izquierdo tu energía va al hemisferio derecho. Eso es todo lo que puede hacer una droga. El alcohol lo ha estado haciendo durante siglos pero ahora hay disponibles drogas mucho mejores: L.S.D., marihuana, psilocibina, e incluso, en el futuro habrá mejores drogas disponibles.

Y el criminal no es el consumidor, el criminal es el político y el educador. Ellos son los culpables. Han obligado a la mente humana a irse al otro extremo; hasta tal punto que ahora hay una necesidad de rebelarse. ¡Y la necesidad es muy grande! La poesía ha desaparecido completamente de la vida de las personas, la belleza ha desaparecido, el amor ha desaparecido..., el dinero, el poder, la influencia se han convertido en los únicos dioses.

¿Cómo puede la humanidad seguir viviendo sin amor y sin poesía, sin alegría y sin celebración? No durante mucho tiempo.

Y la nueva generación alrededor de todo el mundo está prestando un gran servicio mostrando la estupidez de vuestra llamada educación. No es una coincidencia que los consumidores de drogas casi siempre se han convertido en marginados. Desaparecen de las universidades, de los colegios. No es una coincidencia; es parte de la misma revuelta.

Y una vez que el hombre ha aprendido los placeres de las drogas se le hace muy difícil renunciar a ellas. Las drogas sólo se pueden dejar si es posible encontrar mejores maneras para poder liberar tu poesía. La meditación es la mejor manera; menos destructiva, menos dañina que cualquier otro tipo de química. De hecho no es perjudicial en absoluto, es beneficiosa. La meditación también hace lo mismo: cambia tu mente del hemisferio izquierdo al hemisferio derecho. Libera tu capacidad interna para la creatividad.

La gran calamidad que va a ocurrir en el mundo a través de las drogas sólo puede ser evitada con una cosa: la meditación. No hay otra forma. Si la meditación se hace cada vez más presente y entra cada vez más en las vidas de la gente, las drogas desaparecerán.

Y la educación debe de comenzar a no estar tan absolutamente en contra del hemisferio derecho y su funcionamiento. Si a los niños se les enseña que ambas partes son su mente, y si se les enseña a usar ambos, y si se les enseña cuándo usar cuál... Hay situaciones en las que sólo necesitas el lado izquierdo del cerebro, en las que sólo necesitas calcular; en el mercado, en los asuntos de la vida diaria. Y hay momentos en los que necesitas el hemisferio derecho.

Y recuerda siempre, el hemisferio derecho es la meta, y el hemisferio izquierdo son los medios. El hemisferio izquierdo tiene que servir al hemisferio derecho, el hemisferio derecho es el maestro; porque tú ganas dinero sólo porque quieres disfrutar y celebrar tu vida. Quieres un determinado saldo en tu cuenta bancaria sólo para poder amar. Trabajas sólo para poder jugar; el juego sigue siendo la meta. Trabajas sólo para poderte relajar. La relajación sigue siendo la meta, el trabajo no es la meta.

La ética del trabajo es una resaca del pasado. Tiene que ser abandonada. Y el mundo de la educación tiene que ir a través de una auténtica revolución. La gente no debería de ser obligada, a los niños no se les debería imponer patrones repetitivos. ¿En qué consiste tu educación? ¿Te has fijado en ella? ¿La has considerado? Es simplemente un entrenamiento de la memoria. No te vuelves inteligente, a través de ella te vuelves cada vez menos inteligente. ¡Te vuelves estúpido! Todos los niños al entrar en el colegio son muy inteligentes pero es muy raro que una persona salga de la universidad y sea todavía inteligente; es muy raro. La universidad triunfa casi siempre. Sí, sales de allí con tus títulos pero has comprado esos títulos con un coste muy alto: has perdido tu inteligencia, has perdido tu alegría, has perdido vida, porque tu hemisferio derecho ha dejado de funcionar.

Y ¿qué has aprendido? Información. Tu mente está llena de memoria. Puedes repetir, puedes reproducir; en eso consisten tus exámenes. Se considera que una persona es inteligente si puede vomitar todo lo que le han echado encima. Primero hay que obligarle a que se lo trague, a que siga tragando, y luego a que en las hojas de los exámenes lo vomite. Si puedes vomitar eficientemente, eres inteligente. Si puedes vomitar exactamente lo que te han dado, eres inteligente.

Hay que entender esto: puedes vomitar lo mismo sólo si no lo has digerido, recuérdalo. Si lo has digerido no puedes vomitar lo mismo; podría salir otra cosa. Podría salir sangre, pero no la misma barra de pan que te has comido. Ésa no saldrá, ha desaparecido. Por eso tienes simplemente que guardarla en tu estómago sin digerirla; entonces se te considera inteligentísimo. Los más estúpidos son considerados muy inteligentes. Es un asunto muy lamentable.

> La ética del trabajo es una resaca del pasado. Tiene que ser abandonada. Y el mundo de la educación tiene que ir a través de una auténtica revolución. A los niños no se les debería imponer patrones repetitivos.

El inteligente puede que no encaje. ¿Sabías que Albert Einstein no pudo pasar su examen de matriculación? Así es la inteligencia creativa; era difícil para él comportarse del modo estúpido en el que se estaban comportando todos los demás.

Todos tus galardonados en las escuelas, colegios, universidades, desaparecen. Nunca demuestran ser de ninguna utilidad. Su gloria termina con su galardón, después no se les encuentra en ninguna parte. La vida no les debe nada. ¿Qué les ha sucedido a esas personas? Los habéis destrozado. Han comprado los títulos y lo han perdido todo. Ahora tendrán que irán cargando con sus títulos y sus certificados.

Este tipo de educación tiene que ser totalmente transformada. Hay que llevar más alegría a las clases, hay que llevar más caos a la universidad; más baile, más canciones, más poesía, más creatividad, más inteligencia. Hay que renunciar a depender tanto de la memoria.

Hay que velar por la gente y hay que ayudarle a ser más inteligente. Cuando una persona responde de una manera nueva habría que valorarla. No debería de haber respuestas correctas; ¡no hay ninguna! Sólo hay una respuesta estúpida y una respuesta inteligente. La misma clasificación de correcto e incorrecto está equivocada; no hay una respuesta correcta y no hay una respuesta incorrecta. O bien la respuesta es estúpida, repetitiva, o la respuesta es creativa, responde, es inteligente. Incluso si la respuesta repetitiva parece correcta no debería de valorarse demasiado porque es repetitiva. E incluso, aunque una respuesta inteligente podría no ser totalmente correcta, podría no encajar con las viejas ideas, tiene que ser alabada porque es nueva. Demuestra inteligencia. Incluso si una respuesta repetitiva parece ser correcta no debería ser muy valorada, porque es repetitiva. E incluso si la respuesta inteli-

> *Cuando una persona responde de una manera nueva habría que valorarla. No debería de haber respuestas correctas; ¡no hay ninguna! Sólo hay una respuesta estúpida y una respuesta inteligente. La misma clasificación de correcto e incorrecto está equivocada.*

gente podría no ser totalmente correcta, podría no encajar con las viejas ideas, tiene que ser alabada porque es nueva. Demuestra inteligencia.

Si quieres ser creativo, ¿qué debes hacer? Deshaz todo lo que la sociedad te ha hecho. Deshaz todo lo que tus padres y tus profesores te han hecho. Deshaz todo lo que el policía, el político y el sacerdote te han hecho; y de nuevo volverás a ser creativo, de nuevo tendrás la emoción que sentías al principio. Todavía te está esperando allí. Todavía te está esperando allí, reprimida. No puede desplegarse. Y cuando la energía creativa se despliega en ti, eres religioso. Para mí la persona religiosa es la que es creativa. Todo el mundo nace creativo pero muy pocas personas continúan siéndolo.

Tú tienes que salir de la trampa. Puedes hacerlo. Por supuesto, necesitarás mucho coraje porque cuando empiezas a deshacer lo que la sociedad te ha hecho, te perderán respeto. Pensarán que no eres respetable. Empezarás a volverte raro; le parecerás raro a la gente. Parecerás un monstruo, la gente pensará: «Algo ha ido mal con el pobre hombre.» Éste es el mayor coraje: empezar a vivir de una manera que haga creer a la gente que eres extravagante.

> Si quieres ser creativo, ¿qué debes hacer? Deshaz todo lo que la sociedad te ha hecho. Deshaz todo lo que tus padres y tus profesores te han hecho. Deshaz todo lo que el policía, el político y el sacerdote te han hecho; y de nuevo volverás a ser creativo.

Naturalmente tienes que arriesgarte. Si quieres ser creativo tendrás que arriesgarlo todo. Pero vale la pena. Un poco de creatividad vale más que el mundo entero y su reino.

DISPUESTO A APRENDER

«Disciplina» es una palabra hermosa, pero ha sido mal emplea-
da como todas las demás palabras hermosas en el pasado. La palabra «disciplina» viene de la misma raíz que la palabra «discípulo»;
el significado de la raíz de la palabra es: «un proceso de aprendizaje». Uno que está dispuesto a aprender es un discípulo y el proceso
de estar listo a aprender es disciplina.

La persona instruida nunca está dispuesta a aprender porque
ya cree que sabe; está muy centrada en
su llamado conocimiento. Su conocimiento no es nada más que un alimento para su ego. No puede ser un
discípulo, no puede seguir una verdadera disciplina.

Sócrates dice: «Sólo sé una cosa,
que no sé nada.» Ése es el inicio de la
disciplina. Cuando no sabes nada surge por supuesto un gran anhelo de
preguntar, explorar, investigar. Y en
el momento que empiezas a aprender
le sigue otro factor inevitablemente:
todo lo que has aprendido tiene que
ser abandonado continuamente, si no,
se convertirá en conocimiento y el conocimiento impedirá un posterior aprendizaje.

> El verdadero
> hombre de disciplina
> nunca acumula,
> cada momento
> muere a todo lo que
> ha llegado a conocer
> y se convierte de
> nuevo en ignorante.
> Esa ignorancia es
> realmente luminosa.

El verdadero hombre de disciplina nunca acumula; cada momento muere a todo lo que ha llegado a conocer y se convierte de
nuevo en ignorante. Esa ignorancia es realmente luminosa. Estoy
de acuerdo con Dionisio cuando llama a la ignorancia luminosa.
Una de las más hermosas experiencias en la existencia es estar en
un luminoso estado de no-saber. Cuando estás en ese estado de no-
saber estás abierto, no hay barreras, estás dispuesto a explorar.

La disciplina ha sido mal interpretada. La gente ha estado diciendo a los demás que disciplinen su vida, que hagan esto, que no

hagan lo otro. Al hombre le han sido impuestos miles de deberías y no deberías, y cuando un hombre vive con miles de deberías y no deberías no puede ser creativo. Es un prisionero; por todas partes se encontrará con un muro.

La persona creativa tiene que disolver todos los deberías y los no deberías. Necesita libertad y espacio, un espacio vasto, necesita todo el Cielo y todas las estrellas, sólo entonces su espontaneidad más interna puede empezar a crecer.

Por eso recuerda, para mí el significado de disciplina no tiene nada que ver con ninguna serie de mandamientos; no te estoy dando ninguna disciplina; te estoy dando simplemente una visión para que sigas aprendiendo y nunca te conviertas en un erudito. Tu disciplina tiene que venir de tu mismo corazón, tiene que ser tuya; y hay una gran diferencia. Cuando otra persona te da una disciplina nunca puede ajustarse a ti; sería como vestir las ropas de otra persona. O bien te estarán demasiado grandes o demasiado pequeñas, y siempre te sentirás un poco estúpido con ellas.

Mahoma les ha dado una disciplina a los musulmanes; quizá haya sido buena para él, pero no puede ser buena para nadie más. Buda les ha dado una disciplina a millones de budistas; quizá haya sido buena para él, pero no puede ser buena para nadie más. Una disciplina es un fenómeno individual; siempre que la tomas prestada empiezas a vivir de acuerdo a unos principios fijos, principios muertos. Y la vida nunca está muerta; la vida está constantemente cambiando, momento a momento. La vida es un flujo.

Heráclito tiene razón: no puedes meter el pie en el mismo río dos veces. De hecho, a mí me gustaría decir que no puedes meter el

> *La persona creativa tiene que disolver todos los deberías y los no deberías. Necesita libertad y espacio, un espacio vasto, necesita todo el Cielo y todas las estrellas, sólo entonces su espontaneidad más interna puede empezar a crecer.*

pie en el mismo río ni siquiera una vez, ¡el río se mueve tan rápido! Tienes que estar alerta, observando cada situación y sus matices, y tienes que responder a la situación de acuerdo al momento, no de acuerdo a cualquier respuesta suministrada por otros.

¿Ves la estupidez de la humanidad? Hace cinco mil años, Manu les dio una disciplina a los hindúes y todavía la están siguiendo. Hace tres mil años, Moisés les dio una disciplina a los judíos y todavía la están siguiendo. Hace cinco mil años, Adinatha les dio una disciplina a los jainistas y todavía la están siguiendo. ¡El mundo entero está volviéndose loco con estas disciplinas! Están pasadas de moda, deberían de haber sido enterradas hace mucho, mucho tiempo. Estáis cargando con cadáveres y esos cadáveres están apestando. Y cuando vives rodeado de cadáveres, ¿qué tipo de vida puedes llevar?

Te enseño el momento y la libertad del momento, y la responsabilidad del momento. Una cosa podría ser correcta en este momento y podría ser equivocada en el próximo momento. No intentes ser consistente, si no morirás. Sólo los muertos son consistentes. Trata de estar vivo, con todas sus contradicciones, y vive cada momento sin ninguna referencia del pasado, ni tampoco ninguna referencia del futuro. Vive el momento en el contexto del momento y tu respuesta será total. Y la totalidad tiene una belleza y esa totalidad es creatividad. Entonces todo lo que hagas tendrá su propia belleza.

ENCUENTRA EL NIRVANA EN LO COTIDIANO

¿Has escuchado que un jardinero que crea vida, embellece la vida, haya recibido un premio Nobel? Un granjero, que ara la tierra y aporta alimentos para todos, ¿ha sido alguna vez premiado? No, él vive y muere como si nunca hubiera estado aquí.

Ésta es una fea demarcación. Todo espíritu creativo —no importa lo que cree— debería ser respetado y honrado, de modo que esa creatividad sea honrada. Pero hasta los políticos consiguen premios Nobel; y no son nada más que hábiles criminales. Todos los derramamientos de sangre que han sucedido en el mundo han sucedido por estos políticos y todavía siguen preparando cada vez más armas nucleares para cometer un suicidio global.

En una sociedad auténtica y honesta, la creatividad será honrada, respetada, porque el espíritu creativo está participando en el trabajo de Dios.

Nuestro sentido de la estética no es muy rico.

Me estoy acordando de Abraham Lincon. Era hijo de un zapatero y se convirtió en el presidente de Estados Unidos. Naturalmente, todos los aristócratas estaban tremendamente molestos, enfadados, irritados. Y no es una coincidencia que Abraham Lincon pronto fuese asesinado. No pudieron tolerar la idea de que el país tuviera como presidente al hijo de un zapatero.

El primer día, cuando iba a dar su discurso inaugural al Senado, justo cuando se iba a levantar, un horrible aristócrata se levantó y le dijo: «Señor Lincon, a pesar de que por un accidente se ha convertido en el presidente del país, no se olvide de que usted solía venir con su padre a mi casa a arreglar los zapatos de nuestra familia. Y hay muchos senadores que visten los zapatos de su padre, de modo que nunca olvide sus orígenes.»

> Todo espíritu creativo —no importa lo que cree— debería ser respetado y honrado, de modo que esa creatividad sea honrada. Pero hasta los políticos consiguen premios Nobel, y no son nada más que hábiles criminales.

Se creía que iba a humillarle. Pero no puedes humillar a un hombre como Abraham Lincon. Sólo la gente pequeña que sufre de complejo de inferioridad puede ser humillada. Los grandes seres humanos están más allá de la humillación.

Abraham Lincon dijo algo que debería ser recordado por todo el mundo. Dijo: «Le estoy muy agradecido por recordarme a mi padre justo antes de dirigirme por primera vez al Senado. Mi padre era una bella persona, y un artista muy creativo; no había nadie que pudiera hacer unos zapatos tan bonitos. Lo sé muy bien, por más que lo intente, nunca llegaré a ser tan buen presidente como el gran creador que fue él. No puedo superarle.

»Pero dicho sea de paso, quiero recordar a todos los aristócratas que si los zapatos que hizo mi padre les aprietan, yo también he aprendido el arte con él. No soy un gran zapatero pero al menos puedo corregir sus zapatos. Infórmenme y acudiré a su casa.»

Se hizo un gran silencio en el Senado, y los senadores entendieron que era imposible humillar a ese hombre. Pero él mostró un tremendo respeto por la creatividad.

No importa si pintas, esculpes o haces zapatos; no importa si eres jardinero, granjero, pescador, carpintero. Lo que importa es: ¿estás poniendo toda tu alma en lo que estás creando? Entonces tus productos creativos tienen algo de la cualidad divina.

> No importa si pintas, esculpes o haces zapatos; no importa si eres jardinero, granjero, pescador, carpintero. Lo que importa es: ¿estás poniendo toda tu alma en lo que estás creando? Entonces tus productos creativos tienen algo de la cualidad divina.

RECUERDA, LA CREATIVIDAD NO TIENE NADA QUE VER CON NINGÚN TRABAJO EN PARTICULAR. La creatividad tiene algo que ver con la cualidad de tu conciencia. Todo lo que haces puede volverse creativo. Todo lo que haces puede volverse creativo si sabes lo que significa la creatividad.

La creatividad significa disfrutar de cualquier trabajo como si fuera una meditación; hacer cualquier trabajo con un profundo amor. Si amas y limpias este auditorio, es creativo. Si no lo amas, por supuesto es un quehacer, una obligación que de alguna manera hay que hacer, es un peso. Entonces te gustaría ser creativo en otro momento. ¿Qué harás en ese otro momento? ¿Puedes encontrar algo mejor que hacer? ¿Estás pensando que si pintas te sentirás creativo?

Pero pintar es algo tan corriente como limpiar el suelo. Estarás tirando color en el lienzo. Aquí lavas el suelo, limpias el suelo. ¿Cuál es la diferencia? Estás hablando con alguien, un amigo, y sientes que malgastas el tiempo. Te gustaría escribir un gran libro; entonces serás creativo. Pero ha venido un amigo: está perfectamente bien cotillear un poco. Sé creativo.

Todas las grandes escrituras no son otra cosa que cotilleos de gente que era creativa. ¿Qué estoy haciendo aquí? Cotillear. Se convertirán en evangelios algún día, pero en origen eran cotilleos. Pero disfruto haciéndolos. Puedo seguir haciéndolo toda la eternidad. Puede que te canses algún día, yo no me voy a cansar. Es una pura delicia. Es posible que un día te canses tanto que desaparezcas y no haya nadie; y yo seguiré hablando. Si amas algo de verdad, es creativo.

Pero esto le sucede a todo el mundo. Mucha gente viene a verme. Cuando vienen la primera vez me dicen: «Cualquier trabajo Osho. Cualquier trabajo; ¡incluso limpiar!» Dicen exactamente: «¡Incluso limpiar! Pero es tu trabajo y estaremos contentos.» Y cuando han pasado unos días vuelven otra vez y me dicen: «Limpiar… Nos gustaría tener un trabajo más creativo.»

Déjame que te cuente una anécdota:

Preocupado por su pobre vida sexual, la joven esposa convenció finalmente a su esposo para someterse a un tratamiento basado en la hipnosis. Después de unas cuantas sesiones el interés sexual de éste se encendió de nuevo pero cuando hacían el amor, él ocasionalmente salía corriendo de la habitación, iba al baño y regresaba de nuevo.

Impulsada por la curiosidad, la esposa le siguió un día hasta el baño. De puntillas en la entrada le vio de pie delante del espejo mirándose fijamente y murmurando: «Ella no es mi esposa… Ella no es mi esposa.»

Cuando te enamoras de una mujer, por supuesto no es tu esposa. Haces el amor, disfrutas, pero luego las cosas se asientan; entonces es tu esposa. Luego las historias envejecen. Enseguida conoces su rostro, conoces su cuerpo, conoces la topografía, y entonces te aburres. El hipnotizador lo hizo bien. Simplemente le sugirió: «Mientras estés haciendo el amor, sigue pensando: "Ella no es mi esposa. Ella no es mi esposa."»

Por eso mientras limpies sigue pensando que estás pintando: «Esto no es limpiar, esto es muy creativo»; ¡y lo será! Es sólo tu mente gastándote trucos. Si lo entiendes, entonces pones tu creatividad en todo lo que haces.

Un hombre de comprensión es continuamente creativo. No es que esté tratando de ser creativo. Su forma de sentarse es un acto creativo. Fíjate cómo se sienta. Encontrarás en sus movimientos una cierta cualidad de danza, una cierta dignidad. Justo el otro día estábamos leyendo la historia de un maestro zen que se quedó de pie en la fosa con gran dignidad; muerto. Hasta su muerte fue un acto creativo. Lo hizo perfectamente bien; no puedes mejorarlo. Incluso muerto estaba de pie con dignidad, con gracia.

Cuando lo entiendes, hagas lo que hagas; cocinar, limpiar... La vida consiste en pequeñas cosas; sólo tu ego sigue diciéndote que son cosas pequeñas. Te gustaría tener que hacer algo grande; una gran poesía. Te gustaría convertirte en Shakespeare o Kalidas o Milton. Es tu ego el que está causando el problema. Renuncia al ego y todo es creativo.

He oído:

> La vida consiste en pequeñas cosas; sólo tu ego sigue diciendo que son cosas pequeñas. Te gustaría tener que hacer algo grande; una gran poesía. Te gustaría convertirte en Shakespeare o Kalidas o Milton. Es tu ego el que está causando el problema. Renuncia al ego y todo es creativo.

Un ama de casa estaba tan complacida con la rapidez mostrada por el hijo del tendero que le preguntó su nombre.

—Shakespeare —respondió el chico.

—Bueno, ése es un nombre bastante famoso.

—Debería de serlo. He estado repartiendo en este barrio durante por lo menos tres años.

¡Me gusta! ¿Por qué preocuparse por ser Shakespeare? Tres años, repartiendo en el vecindario; es casi tan hermoso como escribir un libro, una novela, una obra de teatro.

La vida consiste en cosas pequeñas. Se hacen grandes si amas. Entonces todo es tremendamente grande. Si no amas, entonces tu ego te dice: «No te mereces esto. ¿Limpiar? No te mereces esto. Haz algo grande; sé Juana de Arco.» Todo tonterías. Todas las Juanas de Arco son tonterías.

Limpiar está muy bien. No te metas en un viaje del ego. Siempre que el ego llega y te convence de que hagas cosas más grandes, inmediatamente hazte consciente y pon a un lado el ego, y entonces poco a poco te darás cuenta de que lo trivial es sagrado. Nada es profano, todo es santo y sagrado.

> Un santo es un hombre corriente que ama la vida corriente. Cortando leña, trayendo agua del pozo, cocinando, todo lo que toca se convierte en sagrado. No es que esté haciendo grandes cosas, sino que todo lo que hace lo hace a lo grande.

Y a menos que todo se vuelva santo y sagrado, tu vida no puede ser religiosa.

Un hombre sagrado no es lo que yo llamo un santo. Un santo podría ser sólo un viaje del ego. Y además te parecerá un santo porque crees que ha hecho grandes obras.

Un santo es un hombre corriente que ama la vida corriente. Cortando leña, trayendo agua del pozo, cocinando; todo lo que toca se convierte en sagrado. No es que esté haciendo grandes cosas, sino que todo lo que hace lo hace a lo grande.

Lo grande no está en lo que haces. Lo grande está en la conciencia que pones mientras lo haces.

Inténtalo. Toca un guijarro con mucho amor; se convierte en un *kohinoor,* en un gran diamante. Sonríe y de pronto eres un rey o una reina. Ríe, disfruta… Cada momento de tu vida tiene que ser transformado por tu amor meditativo.

No lo olvides, si no el ego te va a meter en problemas. Ve a los criminales y pregúntales por qué se han convertido en criminales: porque no pudieron encontrar nada grande para hacer. No pudieron llegar a ser presidentes de un país —por supuesto, todas las personas no pueden convertirse en presidentes de un país—, por eso mataron al presidente; eso es más fácil. Llegaron a ser tan famosos como el presidente. Salieron en todos los periódicos con sus fotos en la primera página.

> Cuando digo sé creativo, no quiero decir que os debáis convertir todos en grandes pintores y grandes poetas. Simplemente quiero decir que dejes que tu vida sea una pintura, deja que tu vida sea un poema.

Un hombre, hace unos meses sólo, mató a siete personas y le preguntaron por qué, porque esas siete personas no tenían ninguna relación con él. Dijo que quería ser famoso y que ningún periódico estaba dispuesto a publicar sus poemas, sus artículos; los rechazaron en todas partes. Nadie estaba dispuesto a poner su foto, y la vida es fugaz, por eso mató a siete personas. No tenían ninguna relación con él, no estaba enfadado con ellos; sólo quería hacerse famoso.

Tus políticos y tus criminales no son un tipo de gente distinto. Todos los criminales son políticos y todos los políticos son criminales; no sólo Richard Nixon. Al pobre Richard Nixon le cogieron con las manos en la masa, eso es todo. Otros parecen ser más hábiles y más astutos.

La señora Moskowitz estaba que explotaba de orgullo: —¿Has oído lo de mi hijo? —Le preguntó a su vecina.

—No. ¿Qué pasa con tu hijo Luis?

—Está yendo al psiquiatra. Dos veces a la semana va al psiquiatra.

—Y ¿eso es tan bueno?

—Por supuesto que es bueno. Paga cuarenta dólares la hora. ¡Cuarenta dólares!; y se pasa todo el rato hablando de mí.

Nunca permitas en ti esa tendencia a ser grande, famoso, a ser alguien más grande que el tamaño natural; nunca. El tamaño natural es perfecto. Tener exactamente el tamaño natural, ser corriente, es ser como uno debería ser. Pero vive esa normalidad de un modo extraordinario. En esto consiste la conciencia nirvánica.

Ahora déjame decirte una última cosa. Si el nirvana se convierte para ti en una gran meta que tienes que alcanzar, entonces vivirás en una pesadilla. Entonces el nirvana se puede convertir en la última pesadilla, y en la más grande. Pero si el nirvana está en cosas pequeñas, en la manera en que las vives, en la manera en que transformas todas las pequeñas actividades en actos sagrados, en una oración, tu casa se convierte en un templo, tu cuerpo se convierte en la morada de Dios. Y todo lo que miras y todo lo que tocas es tremendamente hermoso, sagrado; entonces el nirvana es libertad.

Nirvana es vivir la vida corriente tan alerta, tan lleno de conciencia, tan lleno de luz, que todo se vuelve luminoso.

Es posible. Digo esto porque he vivido así, estoy viviendo así. Cuando lo digo, lo digo con autoridad. Cuando lo digo, no estoy citando a Buda o Jesús. Cuando lo digo, sólo estoy citándome a mí mismo.

Se ha hecho posible para mí; se puede hacer posible para ti. Simplemente no anheles el ego. Ama la vida, confía en la vida, y la vida te dará todo lo que necesitas. La vida se convertirá en una bendición, te bendecirá.

SÉ UN SOÑADOR

Friedrich Nietzsche en una de sus declaraciones dice: «El día que los soñadores desaparezcan caerá la calamidad más grande sobre la humanidad.» Toda la evolución del hombre ha sucedido porque el hombre la ha soñado. Lo que ayer era un sueño, hoy es una realidad, y lo que es un sueño hoy puede convertirse en una realidad mañana.

Todos los poetas son soñadores, todos los músicos son soñadores, todos los místicos son soñadores. De hecho, la creatividad es una consecuencia de soñar.

Pero esos sueños no son los sueños que Sigmund Freud analiza. Por eso tienes que hacer una distinción entre el sueño de un poeta, el sueño de un escultor, el sueño de un arquitecto, el sueño de un místico, el sueño de un bailarín, y los sueños de una mente enferma.

Es una desgracia que Sigmund Freud nunca se preocupara de los grandes soñadores que son las bases de toda la evolución humana. Él sólo se encontró con gente psicológicamente enferma, y como toda la experiencia de su vida fue analizar los sueños de psicópatas, la misma palabra «soñar» fue condenada. El loco sueña, pero su sueño va a ser destructivo consigo mismo. El hombre creativo también sueña, pero su sueño va a enriquecer el mundo.

Me estoy acordando de Miguel Ángel. Él pasaba a través del mercado en donde se ofrecían todo tipo de mármoles y vio una hermosa roca, de modo que preguntó por ella. El propietario le dijo:
—Si quieres esa roca te la puedes llevar gratis porque ha estado ahí tirada ocupando espacio. Y en doce años ni siquiera han preguntado por ella; yo tampoco creo que se pueda aprovechar.

Miguel Ángel se llevó la roca, la trabajó durante casi un año, e hizo quizá la estatua más bella que haya existido nunca. Sólo hace unos años un loco trató de destruirla. Estaba en el Vaticano; era la estatua de Jesucristo después de que hubiera sido bajado de la cruz y está tumbado, muerto, en el regazo de su madre, María.

Sólo la he visto en fotografías, pero está tan viva, que parece que

Jesús fuera a despertar en cualquier momento. Y él utilizó el mármol con tanto ingenio que puedes sentir ambas cosas: la fuerza de Jesús y su fragilidad. Y los ojos de María, la madre de Jesús, están llenos de lágrimas.

Un loco, hace sólo unos años, golpeó con un martillo la roca que Miguel Ángel había trabajado, y cuando le preguntaron por qué lo había hecho dijo: —Yo también quiero ser famoso. Miguel Ángel tuvo que trabajar durante un año para hacerse famoso; entonces se hizo famoso. Yo sólo tuve que trabajar durante cinco minutos y destruí toda la estatua. Y mi nombre ha dado la vuelta al mundo y ha ocupado los titulares en todos los periódicos.

Ambos hombres trabajaron en la misma roca de mármol. Uno era un creador, otro era un loco.

Después de un año, cuando Miguel Ángel había terminado el trabajo, le pidió al comerciante que viniera a su casa porque quería enseñarle algo. El comerciante no podía dar crédito a sus ojos. Le dijo: —¿De dónde sacaste un mármol tan bonito?

Y Miguel Ángel le dijo: —¿No lo reconoces? Es la misma roca fea que esperó delante de tu tienda durante doce años. —Y recuerdo este incidente porque el comerciante preguntó—: ¿Cómo conseguiste pensar que esa fea roca podría convertirse en una estatua tan hermosa?

Miguel Ángel dijo: —No pensé sobre ello. He estado soñando en hacer esta estatua, y cuando pasaba frente a la roca de repente vi a Jesús llamándome: «Estoy encerrado en la roca. Libérame; ayúdame a salir de esta roca.» Vi la misma estatua, exactamente, en la roca. Por eso sólo he hecho un pequeño trabajo: he quitado las partes innecesarias de la roca, y Jesús y María están libres de su esclavitud.

Hubiera sido una gran contribución a la humanidad si un hombre del calibre de Sigmund Freud, en lugar de psicoanalizar a la gente enferma y sus sueños hubiera trabajado en los sueños de gente psicológicamente sana, y no sólo sana sino creativa. El análisis de sus sueños no mostrará que todos los sueños son represiones. El análisis de sus sueños mostrará que hay sueños que nacen en conciencias más creativas de las que tiene la gente corriente. Y sus sueños no son enfermos, sus sueños son auténticamente sanos. Toda la evolución del hombre y su conciencia depende de estos soñadores.

Toda la existencia es una unidad orgánica. No sólo estáis tomados de las manos entre vosotros, también estáis tomados de las manos con los árboles. No sólo estáis respirando juntos, todo el universo está respirando a la vez.

El universo está en una profunda armonía. Sólo el hombre se ha olvidado del lenguaje de la armonía, y mi labor aquí consiste en recordártelo. No estamos creando armonía; la armonía es tu realidad. Sólo que tú te has olvidado de ello. Quizá es tan obvia que uno tiende a olvidarla. Quizá has nacido en ella; ¿cómo puedes pensar en ella?

Hay una antigua parábola que cuenta que un pez con una inclinación hacia la filosofía le estaba preguntando a otro pez: —He oído hablar mucho del océano; ¿dónde está? —¡Y el pez está en el océano! Pero había nacido en el océano, había vivido en el océano; nunca ha habido ninguna separación. Él no ha visto el océano como un objeto separado. Y el viejo pez agarró al joven filósofo y le dijo—: Estamos dentro del océano.

Pero el joven filósofo dijo: —Debes de estar bromeando. Esto es agua y tú le estás llamando océano. Tendré que preguntar más, a gente más sabia de por aquí.

Un pez llega a conocer el océano sólo cuando es atrapado por el pescador y es arrancado del océano, arrojado en la arena. Entonces, por primera vez entiende que ha vivido en el océano, que el océano es su vida y sin él no puede sobrevivir.

Pero con el hombre hay una dificultad. A ti no se te puede sacar de la existencia. La existencia es infinita, no tiene orillas desde las que puedas estar apartado y contemplar la existencia. Estés donde estés, formarás parte de la existencia.

Todos nosotros estamos respirando juntos. Formamos parte de una orquesta. Entenderlo es una gran experiencia; no la llames sueño, porque el sueño tiene una connotación muy equivocada por culpa de Sigmund Freud. Si no, es una de las palabras más hermosas, muy poética.

Y sólo con ser silencioso, con ser dichoso, sólo con ser; en este silencio sentirás que estás unido a los demás. Cuando estás pensando, estás separado de los demás porque tú tienes unos pensamientos y la otra persona está pensando otros diferentes. Pero si ambos estáis en silencio, entonces desaparecen todos los muros entre vosotros.

Dos silencios no pueden permanecer siendo dos. Se convierten en uno.

Todos los grandes valores de la vida —el amor, el silencio, la dicha, el éxtasis, la divinidad— te hacen consciente de una inmensa unidad. No hay nadie más que tú; todos nosotros somos diferentes expresiones de una realidad, diferentes canciones de un mismo cantante, diferentes bailes de un mismo bailarín, diferentes pinturas; porque el pintor es uno.

Pero no la llames un sueño, porque llamándola un sueño no estás entendiendo qué es la realidad. Y la realidad es mucho más hermosa que lo pueda ser cualquier sueño. La realidad es más psicodélica, más colorida, más alegre, está bailando más de lo que tú nunca te puedas imaginar. Pero estamos viviendo con tanta inconsciencia…

> Cuando estás pensando, estás separado de los demás porque tú tienes unos pensamientos y la otra persona está pensando otros diferentes. Pero si ambos estáis en silencio, entonces desaparecen todos los muros entre vosotros. Dos silencios no pueden permanecer siendo dos. Se convierten en uno.

Nuestra primera inconsciencia es que pensamos que estamos separados. Pero yo insisto en que ningún hombre es una isla, todos formamos parte de un vasto continente. Hay una variedad, pero eso no hace que estemos separados. La variedad hace la vida más rica; una parte de nosotros está en el Himalaya, una parte de nosotros está en las estrellas, una parte de nosotros está en las rosas. Una parte de nosotros está en el pájaro que surca el viento, una parte de nosotros está en el verde de los árboles. Estamos por todas partes. Experimentarlo como una realidad transformará toda tu perspectiva de la vida, transformará cada acto, transformará tu mismo ser.

Te llenarás de amor; te llenarás de reverencia por la vida. Serás por primera vez, en mi opinión, religioso; no un cristiano, no un hindú, no un musulmán, sino verdaderamente, puramente religioso.

La palabra «religión» es hermosa. Proviene de una raíz que significa reunir a aquellos que, en su ignorancia, se han separado; reunirlos, despertarlos para que puedan ver que no están separados.

> La palabra «religión» es hermosa. Proviene de una raíz que significa reunir a aquellos que, en su ignorancia, se han separado; reunirlos, despertarlos para que puedan ver que no están separados.

Entonces no puedes hacerle daño ni siquiera a un árbol. Entonces tu compasión y tu amor serán simplemente espontáneos; no serán cultivados, no serán el producto de una disciplina. Si el amor es una disciplina, es falso. Si la no violencia es cultivada, es falsa. Si la compasión es alimentada, es falsa. Pero si llegan espontáneamente sin ningún esfuerzo de tu parte, entonces tienen una realidad muy profunda, exquisita…

En el nombre de la religión, se han cometido muchos crímenes en el pasado. Ha muerto más gente a manos de gente religiosa que a manos de cualquier otro grupo de gente. Evidentemente todas esas religiones han sido falsas, mentira.

La auténtica religión tiene que nacer.

En una ocasión, cuando H. G. Wells publicó su historia del mundo, un trabajo enorme, le preguntaron: —¿Qué opina usted de la civilización?

Y H. G. Wells dijo: —Es una buena idea, aunque alguien debería hacer algo para hacer que exista.

Hasta ahora no hemos sido civilizados, cultivados, religiosos. En el nombre de la civilización, en el nombre de la cultura, en el nombre de la religión hemos estado haciendo todo tipo de actos bárbaros; primitivos, subhumanos, animales.

El hombre se ha alejado mucho de la realidad. Tiene que ser despertado a la verdad de que todos nosotros somos uno. Y no es sólo una hipótesis. La experiencia de todos los meditadores, sin excepción, a través de los siglos, es que toda la existencia es una unidad orgánica.

Por eso no confundas cualquier hermosa experiencia con un sueño. Llamarlo un sueño anula su realidad. Los sueños tienen que ser hechos realidad, no convertir la realidad en sueños.

Cuatro preguntas

*Tienes en tu corazón una canción que cantar y un baile que bailar,
pero la danza es invisible y ni siquiera tú has oído la canción
todavía. Está profundamente escondida en lo más profundo de tu
ser; hay que sacarla a la superficie, tiene que ser expresada.
Eso es lo que quiero decir con «actualizarse».*

MEMORIA E IMAGINACIÓN

*Tú nos suplicas constantemente que renunciemos a la memoria,
para vivir en el aquí y ahora. Pero renunciando a la memoria también debo de renunciar a mi imaginación creativa, porque soy un escritor y todo lo que escribo tiene sus raíces en lo que recuerdo.*

*Me pregunto, ¿cómo sería el mundo sin el arte y la imaginación
creativa que hace posible el arte? Un Tolstói nunca podría convertirse en un buda, pero ¿podría un buda escribir* Guerra y paz?

No me has entendido, pero es natural. Es imposible entenderme,
porque para entenderme tendrás que renunciar a tu memoria.
Tu memoria interfiere. Sólo escuchas mis palabras, y luego las in-
terpretas de acuerdo a tu memoria, de acuerdo a tu pasado. No puedes entenderme si no estás aquí y ahora… sólo entonces se produce el encuentro. Sólo en ese momento estás conmigo; si no, estás
aquí físicamente presente, pero psicológicamente ausente.

No te he estado diciendo que renuncies a tu memoria objetiva
de los hechos. ¡Eso sería estúpido! Tu memoria objetiva es necesa-

ria. Debes de saber tu nombre, quién es tu padre y quién es tu madre y quién es tu esposa y quién es tu hijo y cuál es tu dirección; tendrás que regresar al hotel, tendrás que encontrar tu habitación. No me refiero a la memoria objetiva; me refiero a la memoria psicológica. La memoria objetiva no es un problema, es puro recuerdo. Cuando te afecta psicológicamente, entonces surge el problema. Trata de entender la diferencia.

Ayer alguien te insultó. Hoy te lo vuelves a encontrar. La memoria objetiva es la que dice: «Este hombre me insultó ayer.» La memoria psicológica es cuando ves a ese hombre y te enfadas; viendo a ese hombre, empiezas a hervir por dentro. Y el hombre podría estar viniendo a pedir disculpas; el hombre podría estar viniendo a excusarse, a ser perdonado. Quizá se haya dado cuenta de su error; quizá se haya dado cuenta de su conducta inconsciente. Podría estar viniendo para ser amigo de nuevo contigo, pero tú te acaloras. Estás enfadado, empiezas a gritar. No ves su cara aquí y ahora; sigues estando afectado por la cara que tenía ayer. Pero ¡ayer era ayer! ¿Cuánta agua ha bajado por el Ganges? Este hombre no es el mismo hombre. Estas veinticuatro horas han traído muchos cambios; y tú tampoco eres el mismo.

La memoria objetiva dice: «Este hombre me insultó ayer» pero ese «me» ha cambiado. Ese hombre ha cambiado. Por eso es como si el incidente hubiera sucedido entre dos personas con las que ya no tienes nada que ver; entonces eres psicológicamente libre. No dices: «Todavía tengo hambre.» No hay una rabia pendiente. Hay una memoria pero no hay una complicación psicológica. Te encuentras con el hombre otra vez como es él ahora, y te lo encuentras como tú eres ahora.

Un hombre llegó y escupió en la cara de Buda. Estaba muy enfadado. Era un *brahmin* y Buda estaba diciendo cosas que enfadaban mucho a los sacerdotes. Buda se limpió el rostro y le preguntó al hombre: — ¿Tienes algo más que decir?

Su discípulo, Ananda, se enfadó mucho. Estaba tan enfadado que le preguntó a Buda: —Dame permiso para corregir a este hombre. ¡Esto es demasiado! No lo puedo tolerar.

Buda le dijo: —Pero él no te ha escupido a ti en la cara. Es mi cara. En segundo lugar, ¡mira al hombre! En qué problema más grande se ha metido; ¡mira al hombre! Siente compasión por él. Quiere decirme algo, pero sus palabras son inadecuadas. Ése es también mi problema, el problema de toda mi vida. ¡Y veo al hombre en la misma situación! Quiero contarte cosas que he llegado a saber, pero no puedo contártelas porque las palabras son inadecuadas. Este hombre está en el mismo barco: está tan enfadado que no hay palabra que pueda expresar su rabia; de igual forma que yo tengo tanto amor que no hay palabra, ni acto, que lo pueda expresar. Puedo ver la dificultad de este hombre. ¡Míralo!

Buda lo está viendo, Ananda lo está viendo. Buda está simplemente recogiendo una memoria objetiva; Ananda está creando una memoria psicológica.

El hombre no podía creer lo que escuchaban sus oídos, lo que estaba diciendo Buda. Estaba totalmente conmocionado. No se hubiera quedado tan conmocionado si Buda le hubiera devuelto el golpe, o Ananda hubiera saltado sobre él. No hubiera habido conmoción; eso habría sido lo esperado, eso habría sido lo natural. Así es como los seres humanos reaccionan. Pero Buda sentía al hombre, viendo su dificultad… El hombre se fue, no pudo dormir durante toda la noche, pensando, meditando sobre ello. Comenzó a sentir un gran dolor, empezó a sentir lo que había hecho. Se abrió una herida en su corazón.

Temprano por la mañana, corrió a los pies de Buda, cayó a los pies de Buda, se los besó. Y Buda le dijo a Ananda: —¡Mira, otra vez el mismo problema! Ahora está sintiendo tanto por mí, y no puede ponerlo en palabras. Me está tocando los pies. El hombre es tan impotente. Todo lo que es demasiado no puede ser expresado, no puede ser transmitido, no puede ser comunicado. Hay que encontrar algún gesto para simbolizarlo. ¡Mira!

Y el hombre rompió a llorar y dijo: —Perdóneme señor. Lo siento inmensamente. Fue una absoluta estupidez por mi parte escupirle, a un hombre como usted.

Buda dijo: —¡Olvídate! El hombre al que escupiste ya no está, y el hombre que escupió ya no está. ¡Tú eres nuevo, yo soy nuevo! Mira, ese sol está naciendo nuevo. Todo es nuevo. El día-de-ayer ya no existe. ¡Termina con él! Y ¿cómo te voy a perdonar? Porque tú nunca me escupiste. Escupiste sobre alguien que ya se ha ido.

La conciencia es un río continuo.

Cuando te digo que renuncies a tu memoria, me refiero a la memoria psicológica; no me refiero a la memoria objetiva. Buda recuerda perfectamente que ayer este hombre le había escupido, pero también recuerda que ni ese hombre es el mismo, ni él es el mismo. El capítulo está cerrado; no vale la pena cargar con él durante toda tu vida. Pero tú continúas cargándolo. Alguien te ha dicho algo hace diez años y tú todavía cargas con ello. Tu madre estaba enfadada cuando eras un niño y todavía cargas con ello. Tu padre te abofeteó cuando eras pequeño y todavía cargas con ello, y puede que tengas setenta años.

Esas memorias continúan siendo un peso para ti. Destruyen tu libertad, destruyen tu vitalidad, te ponen en una caja. La memoria objetiva está perfectamente bien.

Y hay que entender una cosa más: cuando no hay una memoria psicológica, la memoria objetiva es muy exacta; porque la memoria psicológica es una molestia. Cuando estás muy alterado psicológicamente, ¿cómo puedes recordar con exactitud? ¡Es imposible! Estás temblando, estás agitado, eres una especie de terremoto; ¿cómo puedes recordar exactamente? Exagerarás; añadirás algo, eliminarás algo, te inventarás algo nuevo con ello. No puedes confiar en ti.

En un hombre que no tiene memoria psicológica se puede con-

> Cuando no hay una memoria psicológica, la memoria objetiva es muy exacta; porque la memoria psicológica es una molestia. Cuando estás muy alterado psicológicamente, ¿cómo puedes recordar con exactitud? Es imposible.

fiar. Por eso se puede confiar más en los ordenadores que en los hombres, porque no tienen memoria psicológica. Sólo los hechos; hechos escuetos, hechos desnudos. Cuando hablas de un hecho, entonces tampoco es un hecho: ha entrado mucha ficción. Lo has moldeado, lo has cambiado, lo has pintado, le has puesto tus propios colores, ¡ha dejado de ser un hecho! Sólo un buda, un *tathagata,* una persona iluminada, sabe lo que es un hecho; tú nunca te encuentras con un hecho porque tienes la mente cargada de ficciones. Siempre que encuentras un hecho, inmediatamente impones tu ficción en él. Nunca ves lo que pasa, estás distorsionando la realidad.

Buda dice un *tathagata*, un ser despierto, dice siempre la verdad porque habla de acuerdo a la realidad. Un *tathagata* dice la verdad, nunca lo contrario. Un *tathagata* es sinónimo de naturalidad. Sea lo que sea, un *tathagata* simplemente lo refleja; es un espejo. Eso es lo que quiero decir: renuncia a las memorias psicológicas y te convertirás en un espejo.

Me has preguntado: «Tú nos suplicas constantemente que renunciemos a la memoria, para vivir en el aquí y ahora…» Esto no significa que no puedas acordarte de tu pasado. El pasado es parte del presente; todo lo que has sido en el pasado, todo lo que has hecho en el pasado, forma parte de tu presente, está aquí. Tu niño está en ti, el joven está en ti… todo lo que has estado haciendo, está en ti. El alimento que has comido; es pasado, pero se ha convertido en tu sangre; está circulando aquí y ahora, se ha convertido en tus huesos, se ha convertido en tu médula. El amor que viviste podría ser pasado pero te ha transformado. Te ha dado una nueva visión de la vida, te ha abierto los ojos. Ayer estabas conmigo; es el pasado, pero ¿es realmente el pasado? ¿Cómo puede ser totalmente el pasado? Te cambió; te dio una nueva chispa, un nuevo fuego, que ha pasado a formar parte de ti.

Tu presente contiene todo tu pasado. Y si puedes entenderme, tu momento presente también contiene todo el futuro, porque el pasado al suceder te ha estado cambiando, te ha estado preparando. Y el futuro que va a suceder sucederá a partir de tu forma de vivir en el presente. La forma de vivir que tienes aquí y ahora, tendrá un gran impacto sobre ti en el futuro.

En el momento presente está contenido todo el pasado y en el momento presente está en potencia todo el futuro, pero no necesitas estar psicológicamente preocupado. ¡Ya está ahí! No hace falta que cargues con ello psicológicamente, no necesitas ir cargado. Si me entiendes, que ya está contenido en el presente… el árbol no está pensando en el agua que absorbió ayer, pero ¡está ahí! Tanto si lo piensa como si no lo piensa. Y los rayos de sol que ayer cayeron sobre él; no está pensando en ellos. Los árboles no son tan tontos, no son tan estúpidos como el hombre.

¿Por qué preocuparnos de los rayos de ayer? Han sido absorbidos, digeridos; se han convertido en parte del verde, el rojo y el oro. El árbol está disfrutando *este* sol matutino, sin una memoria psicológica del ayer. A pesar de que el ayer está contenido en sus hojas, en las flores, en las ramas, en las raíces, en la savia. ¡Está ahí! Y el futuro también está viniendo; los nuevos brotes, que se convertirán mañana en flores, están ahí. Y las pequeñas hojas nuevas que se convertirán mañana en el follaje están ahí, de camino.

El momento presente lo contiene todo. El ahora es eterno.

De modo que no te estoy diciendo que te olvides del pasado objetivo; te estoy diciendo sencillamente que no dejes que te vuelva a molestar. No debería ocuparte psicológicamente. Es un hecho psicológico; deja que sea así. Y no estoy diciendo que te vuelvas incapaz de recordar; ¡podrías necesitarlo! Cuando es necesario, la necesidad está en el presente, recuérdalo, y tú tienes que responder a esa necesidad. Alguien te pregunta tu número de teléfono; la necesidad está presente porque alguien te lo está preguntando ahora, y tú dices: «¿Cómo te voy a dar mi número de teléfono?: he abandonado el pasado.» Entonces te meterás en problemas innecesarios. Tu vida, en lugar de hacerse más libre, en lugar de volverse una gran alegría y celebración, será a cada paso un obstáculo; te encontrarás creando innecesariamente mil y un problemas. No hace falta.

Trata de entenderme.

Y dices: «Pero renunciando a la memoria, también tengo que

renunciar a mi imaginación creativa…» ¿Qué tiene que ver la memoria con la imaginación creativa? De hecho cuanta más memoria tienes menos creativa será; porque continuarás repitiendo de memoria, y la creatividad quiere decir permitir que suceda lo nuevo. Permitir que suceda lo nuevo significa poner a un lado la memoria para que el pasado no interfiera.

Deja que lo nuevo entre en ti. Deja que lo nuevo llegue y te emocione. El pasado será necesario, pero no ahora; el pasado será necesario cuando empieces a expresar esta nueva experiencia. Entonces el pasado será necesario porque el idioma será necesario; el idioma viene del pasado. No puedes inventarte un idioma ahora mismo; o si lo inventas será un galimatías; no significará nada. Y no será una comunicación, será hablar en lenguas, será la charla de un niño. De él no saldrá mucha creatividad. Estarás diciendo tonterías.

> ❧
>
> Creativo significa lo nuevo, lo fresco, lo original. Tienes que estar abierto a ello, vulnerable. Pon a un lado la memoria.

Para decir algo con sentido hace falta el idioma; el idioma viene del pasado. Pero ¡el idioma debería aparecer sólo cuando la experiencia ha sucedido! Entonces úsalo como una herramienta. No debería ser un obstáculo.

Cuando ves abrirse una rosa en el sol matutino, *mírala*. Deja que te impacte, permite que entre profundamente en ti. Deja que su color se apodere de ti, te inunde. No digas nada, espera. Sé paciente, abierto. Absorbe. Deja que la rosa llegue a ti, y tú llega hasta la rosa. Deja que suceda un encuentro, una comunión de dos seres; la rosa y tú. Deja que te penetre, deja que se produzca una compenetración.

Y recuerda: cuanto más profundo entre la rosa en ti, más profundo entrarás tú en la rosa; siempre es la misma proporción. Llega un momento en el que no sabes quién es la rosa y quién es el espectador. Llega un momento en el que tú te conviertes en la rosa y la rosa se convierte en ti, cuando el observador es el observado, cuando toda la dualidad desaparece. En ese momento conocerás la realidad, la naturaleza de la rosa. Entonces aprópiate de tu lenguaje, aprópiate de tu arte. Si eres un pintor, agarra tu pincel y colorea el lienzo, y píntalo. Si eres un poeta entonces corre a tu memoria objetiva para obtener las palabras correctas para poder explicar esta experiencia.

Pero mientras está sucediendo la experiencia, no continúes hablando dentro de ti. Esa charla interna será una interferencia. Nunca conocerás la rosa en su intensidad y en su profundidad. Sólo conocerás lo aparente, lo superficial. Y si conoces lo superficial, tu expresión será superficial; tu arte no tendrá demasiado valor.

Dices: «Pero renunciando a mi memoria también debo renunciar a mi imaginación creativa...» No entiendes el significado de «creativo». Creativo significa lo nuevo, lo novedoso, lo original. Creativo significa lo nuevo, lo fresco, lo original. Tienes que estar abierto a ello, vulnerable.

Pon a un lado la memoria. La utilizarás más adelante. Ahora mismo será una interferencia.

Ahora mismo por ejemplo, me estás escuchando; deja tu memoria a un lado. Cuando me estás escuchando, ¿estás repitiendo en tu interior todas la matemáticas que conoces? ¿Estás por dentro contando números? ¿Estás repitiendo la geografía que conoces? ¿Estás repitiendo la historia que conoces? Las has puesto a un lado. Haz también con el idioma lo mismo que haces con la historia, las matemáticas, la geografía. Haz lo mismo con el idioma; haz lo mismo con la memoria, ¡ponla a un lado! Será necesaria; pero sólo úsala entonces, cuando sea necesaria. ¡Pon toda tu mente a un lado!

No estás destruyendo la mente, simplemente le estás dando un descanso. No es necesaria, le puedes dar vacaciones. Le puedes decir a la mente: «Descansa durante una hora y déjame escuchar. Y cuando haya escuchado, cuando haya absorbido, cuando haya comido y bebido entonces te volveré a llamar, entonces me harás falta; tu idioma, tu conocimiento, tu información serán necesarios. Luego voy a pintar un cuadro, o a escribir un poema, escribir un libro, pero en este momento puedes descansar.» Y la mente estará mucho más fresca después de descansar. No dejas descansar a la mente; por eso tu mente sigue siendo mediocre.

Piensa en un hombre que quisiera participar en la carrera olímpica y estuviera todo el rato corriendo, veinticuatro horas al día, preparándose para la carrera olímpica. Cuando sea la carrera no será capaz ni siquiera de moverse, estará muerto de cansancio. Antes de la carrera tendrás que descansar, tendrás que descansar todo lo que puedas para que el cuerpo se rejuvenezca.

Hay que hacer exactamente lo mismo con la mente. La imaginación creativa no tiene nada que ver con la memoria; sólo entonces es creativa. Si me entiendes y renuncias a la memoria psicológica, te volverás más creativo. Si no, lo que tú llamas creación no es en realidad creación; es sólo una composición. Hay una gran diferencia entre creación y composición. Tú continúas organizando las cosas que conoces de maneras diferentes, pero son viejas; aquí no hay nada nuevo. Simplemente te las arreglas para cambiar su estructura.

Es como ordenar tu taller de dibujo; los muebles son los mismos, los cuadros en el muro son los mismos, las cortinas son las mismas, pero las puedes ordenar de nuevo. Puedes colocar esta silla allí y esa mesa aquí, y puedes cambiar este cuadro de esta pared a la otra. Podría parecer nuevo, pero no es nuevo. Es una composición; no has creado nada. Eso es lo que están haciendo el noventa y nueve por ciento de los autores, los poetas, los pintores. Son mediocres; no son creativos.

La persona creativa es aquella que trae algo de lo desconocido al mundo de lo conocido, que trae algo de Dios al mundo, que ayuda a Dios a pronunciar algo; que se convierte en un bambú hueco y deja que Dios fluya a través de él. ¿Cómo te puedes convertir en un bambú hueco? Si estás demasiado lleno con tu mente no te puedes convertir en un bambú hueco. Y la creatividad es del creador, la creatividad no es de ti o para ti. Cuando el creador toma posesión de ti, tú desapareces, entonces la creatividad es.

Los auténticos creadores saben perfectamente bien que no son los creadores; fueron meros instrumentos, fueron médiums. Algo sucedió a través de ellos, es cierto, pero ellos no fueron los que lo hicieron.

Recuerda la diferencia entre el técnico y la persona creativa. Un técnico sabe cómo hacer algo. Quizá sabe perfectamente bien cómo hacer algo, pero no tiene visión. Una persona creativa es aquella que tiene visión, que puede ver cosas que nadie ha visto antes —puede ver cosas que ningún otro ojo ha sido capaz de ver— que escucha cosas que nadie ha escuchado antes. Entonces hay creatividad.

Entiéndelo… Los dichos de Jesús son creativos; nadie ha hablado así antes. No es una persona educada. No conoce ninguna técnica para hablar, no sabe nada sobre la elocuencia; pero es tan elocuente como, raramente, muy pocas personas han sido nunca. ¿Cuál es su secreto? Tiene visión. Ha mirado en Dios, ha mirado en lo desconocido. Se ha encontrado con lo desconocido y con lo incognoscible. Ha estado en ese espacio y trae algunos fragmentos de ese espacio. Sólo se pueden traer fragmentos, pero cuando traes algunos fragmentos desde lo incognoscible transformas toda la cualidad de la conciencia humana en la Tierra.

> Los auténticos creadores saben perfectamente bien que no son los creadores; fueron meros instrumentos, fueron médiums. Algo sucedió a través de ellos, es cierto, pero ellos no fueron los que lo hicieron.

Él es creativo. Le llamaré artista. O un Buda, o un Krishna, o un Lao Tzu. ¡Ellos son los auténticos artistas! Hacen que suceda lo imposible. Lo imposible es el encuentro de lo conocido con lo desconocido, el encuentro de la mente y la no-mente; eso es lo imposible. Ellos hacen que suceda.

Dices: «Pero renunciando a la memoria también debo renunciar a mi imaginación creativa…» No. Eso no tiene nada que ver con la imaginación creativa. De hecho, si dejas a un lado tu memoria tendrás una imaginación creativa. No puedes tener una imaginación creativa si estás demasiado cargado con la memoria.

Dices: «… porque soy escritor y todo lo que escribo tiene sus raíces en lo que recuerdo». Entonces no eres un buen escritor. Entonces sigues escribiendo sobre el pasado, sigues escribiendo memorias. No escribes sobre el futuro, dejas constancia. ¡Eres un archivador! Puedes convertirte en un escritor, pero entonces tendrás que entrar en contacto con lo desconocido; no con aquello que recuerdas. Lo recordado ya está muerto. Tendrás que entrar en contacto con lo que *es*, no con lo que recuerdas. Tendrás que entrar en contacto con la naturalidad que te rodea. Tendrás que bucear en el presente para poder pescar en tu red algo del pasado.

La auténtica creatividad no nace del recuerdo sino de la conciencia. Tendrás que volverte más consciente. Cuanto más consciente eres, más grande es la red que tienes, y por supuesto más peces quedarán atrapados.

Dices: «Me pregunto cómo sería el mundo sin el arte y la imaginación creativa que hace posible el arte.» El noventa y nueve por ciento del arte no es arte en absoluto, es basura. Raramente hay un trabajo artístico, muy raramente. Los demás son sólo imitadores, técnicos; gente habilidosa, gente ingeniosa, pero no artistas. Y si ese noventa y nueve por ciento de arte desaparece de la Tierra será una bendición; porque es más parecido a un vómito que a algo creativo.

Ahora ha surgido algo que tiene mucho sentido: la terapia artística. Es significativo, ha captado el sentido. Cuando la gente está enferma, mentalmente enferma, el arte puede ayudarles. A una persona mentalmente enferma se le pueden dar lienzos, colores y un pincel, y decirle que pinte lo que quiera. Por supuesto todo lo que pinte será loco, enloquecedor. Pero después de pintar algunas cosas locas, te sorprenderá ver que está volviendo a la normalidad. La pintura ha sido como una catarsis; fue un vómito. Su sistema lo ha expulsado. Le ha ayudado, fue bueno para él, aunque no sea bueno para otros.

Mirando una obra de Miguel Ángel puedes meditar durante horas. Y cuanto más medites más silencioso y pacífico te volverás. No es un vómito. Ha traído algo de lo desconocido. Pintando, a través de una escultura o a través de la poesía o de la música, no ha lanzado fuera su locura. No es que estuviera enfermo y quisiera librarse de su enfermedad, no. Fue justo lo opuesto: estaba preñado, no enfermo. Estaba embarazado; embarazado de Dios. Algo ha echado raíces en su ser y quiere compartirlo. Es provechoso, es una satisfacción. Ha vivido de una forma creativa, ha amado a la vida de una forma creativa. Ha permitido a la vida que entre en su templo más interno, y allí ha quedado preñado de vida, preñado de Dios. Y cuando estás preñado tienes que dar a luz.

Miguel Ángel está dando a luz. Buda está dando a luz. Beethoven está dando a luz, algo de valor incalculable está descendiendo a través de él. Escuchando su música serás transformado, serás transportado a otro mundo. Alcanzarás a ver algunos destellos de la otra orilla.

El noventa y nueve por ciento del arte moderno es patológico. Si desaparece del mundo será muy saludable, ayudará mucho. No hará daño. El arte moderno es una mente enfadada; enfadada porque no puede conectar con su ser, enfadada porque ha perdido todo su significado, enfadada porque no sabe qué es tener significado.

Uno de los libros más famosos de Jean Paul Sartre es *La Náusea*. Ése es el estado de la mente moderna; la mente moderna es nauseabunda, es una tortura. Y esa tortura es su propia creación.

Friedrich Nietzsche declaró que Dios ha muerto. El día en que declaró que Dios ha muerto se empezó a volver loco; porque si declaras que Dios ha muerto… Dios no puede morir sólo porque tú lo digas. Que tú lo digas no hace ninguna diferencia. Pero en el momento en el que Nietzsche comenzó a creer eso, que Dios ha muerto, empezó a morir, empezó a perder la cordura. Un mundo sin Dios está destinado a ser un mundo demente; porque un mundo sin Dios carecerá de cualquier contexto en el que volverse significante.

Fíjate… Lees un poema; esas palabras en el poema sólo tienen sentido en el contexto del poema. Si sacas una palabra fuera de contexto, carece de sentido. ¡Era tan hermosa en el contexto! Quitas un pedazo de un cuadro, y carece de sentido, porque ha perdido sus raíces en el contexto. Era tan hermoso en el cuadro; estaba cumpliendo un propósito, tenía algún sentido. Ahora carece de sentido.

Puedes sacar uno de mis ojos de su órbita y será un ojo muerto, y no tendrá ningún sentido. Ahora mismo si me miras a los ojos, hay un gran significado; porque existen en mi contexto total; son parte de una poesía, son parte de una pintura más grande. El significado está siempre en referencia a algo más grande que tú.

El día en el que Nietzsche declaró que no hay Dios y Dios está muerto, se salió del contexto. Sin Dios el hombre no puede tener ninguna significación, porque el hombre es un pequeño mundo en la gran épica de Dios, el hombre es una pequeña nota en la gran orquesta de Dios. La pequeña y única nota será monótona; desentonará en tus oídos, será enloquecedora.

Eso es lo que le sucedió a Nietzsche. Él creyó auténticamente en su propia declaración. Era creyente; un creyente que cree en sí mismo. Creyó que Dios ha muerto y el hombre es libre; pero simplemente se volvió loco, no libre. Y este siglo ha seguido a Friedrich Nietzsche de mil de maneras, y todo el siglo se ha vuelto loco. No ha habido ningún otro siglo en la historia del mundo tan loco como éste. Los historiadores futuros lo recordarán como la edad de la locura. Está loco; loco porque ha perdido el contexto.

¿Por qué estás vivo? ¿Para qué? Te encoges de hombros. Eso no te ayuda nada. Pareces accidental. Si no existieras, no habría ninguna diferencia. Si existes, no hay diferencia. ¡Tú no haces ninguna diferencia! Eres innecesario. No estás cumpliendo ninguna misión aquí. Que estés aquí o que no estés aquí es lo mismo. ¿Cómo puedes sentirte feliz, y cómo puedes seguir estando cuerdo? ¿Accidental? ¿Sólo accidental? Entonces todo vale, ¡entonces el asesinato está bien! Porque si todo es accidental, entonces ¿qué importa lo que hagas? Ninguna acción tiene ningún valor; entonces el suicidio está bien, el asesinato está bien, ¡todo está bien!

Pero no todo está bien; porque hay algunas cosas que te dan alegría y otras cosas que te hacen desgraciado, algunas cosas que provocan éxtasis y otras cosas que provocan sólo agonía, algunas cosas que crean sólo infierno y otras cosas que te transportan a un mundo de paraíso. No, no todo es lo mismo. Pero una vez que piensas que Dios ha muerto, una vez que pierdes contacto con la totalidad;

y Dios no es otra cosa que la totalidad… ¿Qué es una ola cuando se ha olvidado del océano? Entonces no es nada. Cuando era parte del océano era un maremoto.

Recuerda: el auténtico arte surge de una auténtica religiosidad, porque religiosidad es entrar en comunión con la realidad. Una vez que estás en comunión con la realidad, entonces surge el auténtico arte.

Dices: «Me pregunto cómo sería el mundo sin el arte y la imaginación creativa que hace posible el arte.»

Si el noventa y nueve por ciento del llamado arte desaparece el mundo sería mucho más rico, porque entonces habrá auténtico arte. Si esos locos pretenciosos desaparecen… y no estoy diciendo que no deban pintar; deberían de pintar pero como terapia. Es terapéutico. Picasso necesita terapia; debe de pintar, pero esas pinturas no deberían de estar en una exposición; o si lo están, entonces sólo en los manicomios. Podrían ayudar a algunos locos a tener una descarga; son catárticas.

El auténtico arte significa que te ayuda a ser meditativo. Gurdjieff solía llamar al auténtico arte arte objetivo; el que te ayuda a meditar. El Taj Majal es auténtico arte. ¿Has ido al Taj Majal? Merece la pena ir. En una noche de luna llena, sentado allí y mirando esta bella obra maestra te sentirás lleno de lo desconocido. Comenzarás a sentir algo del más allá.

Me gustaría contarte la historia de cómo el Taj Majal llegó a existir.

Un hombre vino de Shiraz, Irán. Le llamaban Shirazi porque había venido de Shiraz. Era un gran artista, el más famoso de Shiraz. Y era un hombre milagroso; mil y una historias habían llegado antes de que él llegara a India. Shah Jehan era el emperador; él había escuchado esas historias. Él invitó al escultor a venir a la corte. Y Shirazi era un místico, un místico sufí.

Shah Jehan le preguntó: —He escuchado que puedes esculpir el cuerpo completo de un hombre o una mujer sólo tocándole a él o a ella y sin ver su cara en absoluto. ¿Es cierto?

Shirazi dijo: —Dame una oportunidad; pero con una condición:

pon veinticinco mujeres hermosas de tu palacio detrás de un biombo, detrás de una cortina. Simplemente deja sus manos fuera de la cortina disponibles para mí. Tocaré sus manos y escogeré a la persona; pero con una condición: haré la imagen de quien escoja: si la imagen sale totalmente fiel y tú estás satisfecho, si toda tu corte está satisfecha, entonces esa mujer será la mujer con la que me quiero casar, quiero una mujer de tu palacio.

Shah Jehan estaba dispuesto.

—Muy bien —le dijo.

Veinticinco jóvenes esclavas, veinticinco bellas esclavas, fueron colocadas detrás de una cortina. Él fue de la primera a la segunda hasta la veinticinco, rechazando a todas. Sólo por jugar, sólo por gastar una broma, la hija de Shah Jehan se había colocado también detrás de la pantalla; cuando rechazó a las veinticinco, ella sacó su mano. Él la toco, cerró los ojos, sintió algo y dijo: —Ésta es mi mano. —Y puso un anillo en la mano de la hija para significar que: «Si tengo éxito, entonces ella va a ser mi mujer.»

El emperador se metió detrás de la cortina y se quedó horrorizado: —¿Qué ha hecho esta muchacha? —Pero no estaba preocupado porque era imposible hacer un estatua de toda una mujer sólo tocándole la mano.

Durante tres meses, Shirazi desapareció de la habitación; trabajó día y noche. Y después de tres meses les pidió al emperador y a toda la corte que fueran a ver su obra; y el emperador no pudo dar crédito a sus ojos. ¡Era exactamente igual! Él *fue* capaz. No pudo encontrar ni una sola falta; quiso encontrar una falta, porque no estaba deseando que su hija se casara con un hombre pobre, pero ahora no había forma. Había dado su palabra.

Él estaba tan molesto y su mujer estaba tan molesta que ésta cayó enferma. Estaba embarazada y cuando dio a luz al niño, murió con unos dolores horrorosos. Se llamaba Mumtaj Majal.

Y el rey se quedó totalmente desesperado; ¿cómo salvar a su hija? Le pidió al escultor que viniera y le contó toda la historia: —Ha sido un error. Y es la falta de la chica, pero mira mi situación: mi mujer ha muerto y la razón es que no pudo aceptar la idea de que su hija se fuera con un hombre pobre. Y yo tampoco puedo aceptar la idea; aunque haya dado mi promesa.

El escultor, el artista, dijo: —No hace falta que te preocupes tanto. Me lo deberías de haber dicho, me iré. No hace falta que te preocupes. No te lo pediré; regresaré a Shiraz. ¡Olvídalo!

Pero el rey dijo: —No es posible; no puedo olvidar. Te lo he prometido, es mi palabra. Espera. Déjame que piense.

El primer ministro sugirió: —Haz una cosa: tu mujer ha muerto, éste es un gran artista y lo ha demostrado; dile que fabrique una maqueta a la memoria de tu esposa. Debe de crear una hermosa tumba, la más bella en el mundo. Y pon como condición que si apruebas su maqueta, entonces le darás a tu hija como esposa. Si no la apruebas, se acabó.

Se habló del asunto con el artista y aceptó; dijo: —De acuerdo.

—Ahora —pensó el rey—, nunca la aprobaré.

Y Shirazi hizo muchas maquetas, y eran tan hermosas, pero el rey insistía y decía: —No, no, no.

El primer ministro estaba desesperado porque esas maquetas eran inusuales. Cada una de las maquetas era inusual y decir no era injusto. Hizo correr el rumor, especialmente entre el escultor: —La muchacha que has escogido, la hija del rey, está muy enferma. —La primera semana se puso muy enferma, entonces la siguiente semana se agravó más y la tercera semana murió; según los rumores.

Cuando el rumor de que la muchacha había muerto llegó al escultor, éste hizo su última maqueta. La muchacha había muerto, su corazón estaba destrozado. Y ésta iba a ser la última maqueta. Se la llevó al rey y él la aprobó. El truco fue hacerle creer que la muchacha había muerto de modo que ya no hubiera la posibilidad de un matrimonio.

Esa maqueta se convirtió en el Taj Majal. Esa maqueta fue creada por un místico sufí. ¿Cómo se puede crear la imagen completa de una mujer sólo tocándole la mano una vez? Él debía de estar en un espacio diferente. Debía de estar en ese momento sin mente. Ese momento debe de haber sido de gran meditación. En ese momento él tocó la energía, y sólo sintiendo la energía creó toda la forma.

Ahora eso se puede entender mucho más lógicamente con la fotografía Kirlian, porque cada energía tiene su propio patrón. Tu cara no es accidental; tu cara está ahí porque tú tienes un particular patrón de energía. Tus ojos, tu pelo, tu color, todos ellos están ahí porque tienes un particular patrón de energía.

Los meditadores han estado trabajando en los patrones de energía a través de los siglos. Una vez que conoces los patrones de la energía, conoces toda la personalidad. Lo conoces por dentro y por fuera, todo; porque son los patrones de energía los que crean todo. Conoces el pasado, conoces el presente, conoces el futuro. Una vez que el patrón de energía ha sido entendido, tienes la llave, el núcleo de todo lo que te ha sucedido y de todo lo que te va a suceder.

Esto es arte objetivo. Este hombre creó el Taj Majal.

Si durante una noche de luna llena meditas en el Taj Majal, tu corazón vibrará con un nuevo amor. El Taj Majal todavía contiene esa energía de amor. Mumtaj Majal murió de amor por su hija; Shah Jehan sufrió por este amor; y Shirazi creó la maqueta porque sufrió profundamente, estaba profundamente herido porque su futuro era oscuro. La mujer que había escogido ya no estaba. El Taj Majal llegó a existir por un gran amor y una cualidad meditativa. Todavía mantiene la vibración. No es un monumento corriente, es especial. Como también lo son las pirámides de Egipto, y hay muchas, muchas cosas en el mundo creadas como arte objetivo; creadas por aquellos que sabían lo que estaban haciendo, creadas por grandes meditadores. Como también lo son los Upanishads, los sutras de Buda, o los dichos de Jesús.

Recuerda, para mí la creatividad significa meditación, la creatividad significa un estado de no-mente; entonces Dios desciende en ti, entonces el amor fluye de ti. Entonces partiendo de tu bienestar, cuando estás rebosando bienestar, sucede algo. Es una bendición. Si no es un vómito.

Puedes pintar, puedes escribir como terapia, pero quema tus cuadros y quema tus poesías. No necesitas enseñar tu vómito a la gente. Y la gente que se interesó en tu vómito, ellos mismos deben de estar enfermos; también necesitan terapia porque si tú te interesas en algo demuestras quién eres, en dónde estás.

Estoy totalmente a favor del arte objetivo, estoy totalmente a favor del arte meditativo, estoy totalmente a favor de que descienda algo de Dios. Tú te conviertes en el vehículo.

Y dices: «Un Tolstói nunca se convertirá en un buda.» ¿Quién ha dicho eso? Un Tolstói *puede* convertirse en un buda, se *convertirá* en un buda antes o después.

Y dices: «Pero ¿podrá entonces un buda escribir *Guerra y paz*?» Y ¿qué ha estado haciendo Buda? ¿Qué estoy haciendo yo aquí? ¿Has leído el Gita de Krishna? ¡Es *Guerra y paz*! Tolstói pudo escribir *Guerra y paz*, *Anna Karenina* y muchas otras cosas hermosas, no porque era Tolstói sino a pesar de que era Tolstói. Dostoievski ha escrito *El idiota*, *Crimen y castigo*, y una de las cosas más hermosas, *Los hermanos Karamazov*; no porque fuera Dostoievski sino a pesar de ello. Algo en él era un buda; algo en él era inmensamente religioso. Dostoievski era un hombre religioso; no completamente, pero una parte, un fragmento de él, era inmensamente religioso. Por eso *Los hermanos Karamazov* tiene una cualidad tan hermosa. No pertenece a un hombre corriente; algo ha llegado de lo divino. Dostoievski ha sido poseído por Dios, se ha convertido en su vehículo. Por supuesto no es un vehículo perfecto, hay muchas cosas que vienen de su mente. Aun así *Los hermanos Karamazov* es hermoso. Si no hubiera habido un Dostoievski, su memoria, su ego, su patología, *Los hermanos Karamazov* hubieran sido otro Nuevo Testamento; hubieran sido lo mismo que los dichos de Jesús, o el *Sutra del diamante* o los *Upanishads*. ¡Él tiene la cualidad!

> Puedes pintar, puedes escribir como terapia, pero quema tus cuadros y quema tus poesías. No necesitas enseñar tu vómito a la gente.

LA DEPRESIÓN POSPARTO

Cuando estoy escribiendo un libro, estoy llena de energía
y regocijo que fluyen. Pero, cuando he terminado, estoy
tan vacía y muerta que a duras penas soporto vivir. Ahora estoy
empezando a escribir, pero a pesar de que puedo disfrutar mientras
trabajo, durante la meditación me quedo abrumada con el miedo
al vacío que me espera dentro de unos meses.

Esta cuestión es de una novelista. He ido a través de sus novelas y son hermosas. Ella tiene el talento; sabe cómo contar bien una historia, cómo tejer una historia. Y esta experiencia no es sólo suya, es la experiencia de casi todo aquel que es de alguna forma creativo. Pero aun así, la interpretación es errónea, y depende mucho de la interpretación.

Cuando una mujer tiene dentro a un niño, está llena. Por supuesto, cuando el niño nace, se sentirá vacía. Echará de menos la nueva vida que estaba latiendo y dando patadas en su vientre. El niño ha salido; ella se sentirá vacía durante unos días. Pero puede amar al niño, y puede olvidar su vacío amando al niño y ayudándole a crecer. Para un artista, eso no es posible. Pintas, o escribes un poema o una novela; una vez que lo has terminado sientes un profundo vacío. Y ¿qué puedes hacer ahora con el libro? Por eso el artista está en una situación aún más difícil que la madre. Una vez que el libro está terminado, está terminado; ahora no necesita ayuda, no necesita amor. No va a crecer. Es perfecto, ha nacido crecido. Una pintura cuando está terminada, está terminada. Un artista se siente muy vacío. Pero uno tiene que mirar en su vacío. No digas que estás exhausto; en lugar de eso di que estás cansado. No digas que estás vacío, porque cada vacío también contiene una plenitud. Estás mirando al extremo equivocado.

Entras en una habitación, hay muebles, hay cuadros en las paredes y cosas. Entonces esas cosas y esos cuadros son retirados y tú entras en la habitación. ¿Qué dirás ahora? ¿Dirás que la habitación está vacía o está llena? «Habitación» quiere decir vacío; «habitación» quiere decir espacio. Al retirar los muebles, la habitación está llena. Cuando estaban los muebles la habitación no estaba llena; faltaban muchas cosas por culpa de los muebles. Ahora la habitación está completa, el vacío es total.

Puedes mirarlo desde los dos extremos. Si estás demasiado orientado hacia el mobiliario sólo puedes mirar a las sillas, a las mesas, al sofá, y no puedes mirar la amplitud de la habitación, entonces la sentirás vacía. Pero si lo sabes y puedes mirar directamente al vacío, sentirás una libertad tremenda que no estaba allí antes, porque faltaba la habitación; no podías entrar en ella. Sigue llenándola de muebles y llegará un momento en el que no podrás moverte porque la habitación entera ha desaparecido.

Una vez me quedé en la casa de un hombre muy rico. Era muy rico, pero no tenía gusto. Su casa estaba tan llena que no era una casa en absoluto. No podías moverte, y siempre tenías miedo de moverte porque tenía antigüedades de mucho valor. Él mismo tenía miedo de moverse. Los criados estaban continuamente preocupados. Me dio la mejor habitación, la más bonita de toda la casa. Y le dije: —Esto no es una habitación, es un museo. Por favor dame algo en donde me pueda mover; entonces será una habitación. Esto no es una habitación. ¡La habitación casi ha desaparecido!

La habitación significa la libertad que te da el espacio. Cuando estás trabajando, creando, tu mente está llena de muchas cosas. La mente está ocupada. Escribiendo una novela la mente está ocupada, escribiendo un poema la mente está ocupada. Hay demasiados muebles, los muebles de la mente; pensamientos, sentimientos, personajes. Entonces terminas el libro. De repente desaparecen todos los muebles. Te sientes vacío. Pero no hace falta que te pongas triste. Si lo miras correctamente —esto es lo que Buda llama visión correcta, *samyak drasthi*—, si lo miras correctamente te sentirás libre de cualquier obsesión, de cualquier ocupación. Te sentirás de nuevo limpio, descargado. Esos personajes de la novela han dejado de andar por allí. Esos huéspedes se han ido y el anfitrión está totalmente a gusto. ¡Disfrútalo! Tu error de interpretación está creando en ti tristeza y miedo. Disfrútalo; ¿no has observado nunca que cuando viene un huésped te sientes bien, y cuando se va te sientes todavía mejor? Te deja solo, y ahora tienes tu propio espacio.

Escribir una novela es enloquecedor porque todos esos personajes se convierten en huéspedes y cada personaje tiene su propia manera de ser. No siempre escuchan al escritor, no siempre. Algunas veces tienen su propia manera de ser y obligan al escritor a ir en determinada dirección. El escritor empieza la novela pero nunca la termina. Esos personajes la terminan por sí mismos.

Es como dar a luz a un niño. Puedes dar a luz a un niño, pero después el niño empieza a moverse por su cuenta. La madre quizá haya estado pensado que el niño va a ser doctor, y se convierte en un vagabundo; ¿qué puedes hacer? Haces todo lo que puedes pero se convierte en un vagabundo.

Lo mismo sucede cuando escribes una novela: empiezas con un personaje; ibas a hacer de él un santo y se convierte en un pecador. Y te digo, lo mismo sucede con un niño: la madre está preocupada, el novelista también. El novelista quería que fuera un santo y él se convierte en un pecador y no puede hacer nada. Se siente casi impotente, utilizado por los personajes. Son sus fantasías; pero una vez que cooperas con ellos se vuelven casi reales. Y a menos que te liberes de ellos, nunca estarás en paz. Si tienes un libro en tu mente, tienes que escribirlo para librarte de él. Es una catarsis, es una manera de desahogarte.

Por eso la gente creativa casi siempre se vuelve loca. Las mediocridades nunca se vuelven locas; no tienen nada con lo que volverse locas, no tienen nada enloquecedor en sus vidas. Los creadores casi siempre se vuelven locos. Un Van Gogh se volverá loco, un Nijinsky se volverá loco, un Nietzsche se volverá loco. ¿Por qué se vuelven locos? Porque están muy ocupados, porque están sucediendo muchas cosas en su mente. No tienen un espacio propio en su interior. Tienen allí a tanta gente, entrando y saliendo. Es casi como si estuvieran sentados en una carretera llena de tráfico. Cada artista tiene que pagar por esto.

Recuerda, cuando termines un libro y nazca el niño, siéntete feliz; disfruta del espacio porque antes o después aparecerá un nuevo libro. De la misma forma que las hojas salen de los árboles, las flores salen de los árboles, exactamente igual los poemas salen de un poeta, las novelas salen de un novelista, las pinturas salen de un pintor, las canciones salen de un cantante. No se puede hacer nada, son naturales.

De modo que algunas veces en otoño cuando las hojas han caído y los árboles están solos, de pie, sin hojas que los protejan, disfrútalo. No lo llames vacío, llámalo un nuevo tipo de plenitud; estás lleno de ti mismo. No hay nadie que interfiera, estás descansando en ti mismo. Ese período de descanso es necesario para cada artista; es un proceso natural. El cuerpo de cada madre necesita un poco de descanso. Un niño nace y otro es concebido... Solía suceder, solía suceder en Oriente, y en India todavía sucede. Una mujer a la edad de treinta años es casi vieja, continuamente teniendo hijos, sin un espacio para recuperarse, para rejuvenecer su ser, para estar sola. Está exhausta, cansada. Su juventud, su belleza se han ido. Cuando tienes un hijo necesitas un período de descanso. Y si el niño va a ser un león, se necesita un largo período de descanso. Un león sólo tiene una cría porque todo su ser está implicado. Y después tiene un período de descanso, un largo período para recobrarse, para recuperar la energía que le has dado al niño; para recobrarte tú y para que pueda volver a nacer algo de ti.

Cuando escribes una novela, si ha sido realmente una gran obra de arte entonces te sentirás vacío. Si ha sido sólo una especie de periodismo que has hecho para ganar dinero porque algún editor te ha hecho un contrato, entonces no será muy profunda. Después de esto no te sentirás vacío, seguirás siendo el mismo. Cuanto más profunda sea tu creación, más grande será tu vacío posterior. Cuanto más grande es la tormenta, más grande será el silencio que deja tras ella. Disfrútalo. La tormenta es buena, disfrútala; y el silencio que le sigue también es bueno. El día es hermoso, lleno de actividad; la noche también es muy hermosa, llena de inactividad, pasividad, vacío. Uno duerme. Por la mañana estás de nuevo de regreso en el mundo lleno de energía para trabajar, para actuar.

No le tengas miedo a la noche. Mucha gente lo tiene. Hay una sannyasin[5] a la que le he puesto el nombre de «Nisha». *Nisha* significa la noche. Ella viene a verme una y otra vez y me dice: «Por favor, cámbiame el nombre.» ¿Por qué? Me dice: «Tengo miedo de la noche. ¿Por qué me has puesto, entre tantos nombres, justo este nombre? Cámbiamelo.» Pero no se lo voy a cambiar. Se lo he puesto a sabiendas por su miedo; su miedo a la oscuridad, su miedo a la pasividad, su miedo a la relajación, su miedo a la rendición. Todo esto está señalado en la palabra «noche», *nisha*.

Uno tiene que aceptar también la noche. Sólo entonces te completas, te llenas, eres total.

Por eso, no te lo tomes mal. Ese vacío es hermoso, es más hermoso que los días de creatividad, porque esa creatividad sale del vacío, esas flores salen del vacío. Disfruta de ese vacío, siéntete dichoso y bendecido. Acéptalo, dale la bienvenida como si fuera una bendición y pronto verás que estás de nuevo lleno de actividad y que va a nacer un libro más grande. No te preocupes por esto. No hace falta que te preocupes. Es sólo una interpretación errónea de un hermoso fenómeno.

Pero el hombre vive de las palabras. Una vez que llamas algo por el nombre equivocado, le empiezas a tener miedo. Sé muy, muy exacto. Recuerda siempre lo que dices, porque decir no es sólo decir; tiene unas profundas asociaciones en tu ser. Una vez que le llamas a algo vacío, la misma palabra, te da miedo.

En India, tenemos mejores palabras para el vacío. Lo llamamos

> Cuanto más profunda sea tu creación, más grande será tu vacío posterior. Cuanto más grande es la tormenta, más grande será el silencio que deja tras ella. Disfrútalo. La tormenta es buena, disfrútala, y el silencio que le sigue también es bueno.

---

5. En la tradición hindú «renunciante». En este caso, discípulo de Osho. *(N. del T.)*

shunya. La misma palabra es positiva; no tiene negatividad alguna. Es hermosa, simplemente quiere decir espacio, sin límites; *shunya*. Y hemos llamado *shunya* a la meta final. Buda dice que cuando tú te vuelves *shunya*, cuando tú te has vuelto absolutamente nada, una nada, entonces has llegado.

Un poeta, un artista, un pintor, va camino de convertirse en un místico. Toda actividad artística está encaminada hacia la religiosidad. Cuando eres activo, cuando estás escribiendo un poema, estás en la mente. Cuando el poema nace estás exhausto y la mente se pone a descansar. Utiliza este momento para entrar en tu ser. No lo llames vacío, llámalo totalidad; llámalo ser, llámalo verdad, llámalo Dios. Y entonces serás capaz de sentir su bendición.

CREATIVIDAD Y CRUCE DE RAZAS

Siento una atracción por la expresión artística y he tenido una educación disciplinada y clásica en música occidental. A menudo siento que esta educación aprisiona la creatividad espontánea y últimamente encuentro muy difícil practicar con regularidad. Ya no estoy seguro de cuáles son las cualidades del verdadero arte, y a través de qué proceso el artista produce y da nacimiento al auténtico arte. ¿Cómo puedo sentir al artista que hay en mí?

La paradoja en el arte es que primero tienes que aprender su disciplina y después la tienes que olvidar por completo. Si no conoces el ABC no serás capaz de adentrarte mucho en él. Pero si sólo conoces la técnica y la continúas practicando durante toda tu vida quizá llegues a ser muy hábil técnicamente, pero siempre serás un técnico; nunca te convertirás en un artista.

En el zen dicen que si quieres ser un pintor, tienes que aprender durante doce años a pintar y después, durante otros doce años, tienes que olvidar todo sobre la pintura. Olvidarte completamente; no tiene nada que ver contigo. Durante doce años medita, corta leña, trae agua del pozo. Haz cualquier cosa pero no pintes.

Y luego un día serás capaz de pintar. Veinticuatro años de formación: doce años de formación para aprender la técnica y doce años de formación para olvidar la técnica. Y entonces puedes pintar. La técnica se ha convertido en una parte de ti; ya no es una técnica de conocimiento, se ha convertido en parte de tu sangre, de tus huesos, de tu médula. Ahora puedes ser espontáneo. No será un obstáculo, no te aprisionará.

Ésa es también exactamente mi experiencia.

Ahora no sigas practicando. Olvídalo todo sobre la música clásica. Haz otro tipo de cosas: jardinería, escultura, pintura, pero olvídate de la música clásica, como si no existiera en absoluto. Durante algunos años deja que permanezca en lo profundo de tu ser para que sea digerida. Entonces deja de ser una técnica. Luego un día toma posesión de ti un impulso repentino; y entonces empiezas a tocar otra vez. Y cuando empieces de nuevo a tocar no te preocupes demasiado de la técnica, si no nunca serás espontáneo.

Sé un poco novedoso; en eso consiste la creatividad. Intenta nuevas maneras, nuevos medios. Trata de hacer algo que no haya hecho nunca nadie. La mayor creatividad se da en personas que están formadas en otra disciplina.

Por ejemplo, si un matemático empieza a tocar música aportará algo

> Un poeta, un artista, un pintor, va camino de convertirse en un místico. Toda actividad artística está encaminada hacia la religiosidad.

> Sé un poco novedoso; en eso consiste la creatividad. Intenta nuevas maneras, nuevos medios. Trata de hacer algo que no haya hecho nunca nadie. La mayor creatividad se da en personas que están formadas en otra disciplina.

nuevo al mundo de la música. Si un músico se convierte en matemático aportará algo nuevo al mundo de las matemáticas. Toda la gran creatividad sucede a través de personas que han ido de una disciplina a otra. Es como cruzar dos razas. Un niño que nace de un cruce de razas es mucho más sano, mucho más hermoso.

Por eso en todos los países, durante siglos, los matrimonios entre hermanos y hermanas han sido prohibidos; hay una razón en ello. Un matrimonio es mejor si es entre personas que están relacionadas de forma muy distante, o no están relacionadas en absoluto en lo que se refiere a la sangre. Sería bueno si gente de una raza se casara con gente de otra raza; ¡y si algún día descubrimos gente en otro planeta, lo mejor sería un cruce entre la Tierra y otro planeta! Entonces aparecerían en la existencia nuevos tipos de personas.

La prohibición, el tabú en contra de una relación hermano-hermana, su matrimonio, es significativa; científicamente significativa. Pero no ha sido elaborada en detalle hasta el extremo, hasta su extremo lógico. El extremo lógico es que ningún indio debería casarse con otro indio, ningún alemán debería casarse con otro alemán. Lo mejor es que el alemán se case con un indio, y el indio se case con un japonés, un japonés se case con un africano, un africano se case con un americano, un judío se case con un cristiano, un cristiano se case con un hindú, un hindú se case con un musulmán. Eso sería lo mejor. Eso elevaría la conciencia de todo el planeta. Daría nacimiento a mejores niños, más alerta, más vivos, ricos en todas las dimensiones.

Pero somos tan estúpidos que podemos hacer cualquier cosa, podemos aceptar cualquier cosa. Luego ¿qué estoy diciendo…?

Chauncey, un hombre joven bien parecido, estaba hablando seriamente con su madre.

—Madre, ha llegado el momento —realmente ha llegado—, de tener una conversación de corazón a corazón sobre mi relación con Myron. Siendo francos, nuestra relación ha florecido en —¿cómo lo diría sin que sonara indecoroso?—, en algo hermoso, bello, e incluso sagrado. La verdad es, querida madre, que amo a Myron y que Myron me corresponde. Queremos casarnos tan pronto como sea posible y los dos esperamos que nos des tus bendiciones.

—Pero Chauncey —protestó la madre— ¿te das cuenta de lo que estás diciendo? ¿Puedes honestamente esperar que consienta este matrimonio? ¿Qué dirá la gente? ¿Qué pensarán nuestros amigos y nuestros vecinos?

—Agg, madre, eres deprimente; puedo sentirlo en mis huesos. Y además, después de que hemos sido tan buenos camaradas. Nunca lo hubiera pensado de ti; ¡de entre toda la gente!

—Pero hijo, ¡no puedes ir en contra de una convención así!

—De acuerdo madre, vamos a hablar claro como personas civilizadas. Exactamente y precisamente, ¿qué pega puedes poner tú o cualquier otra persona a que Myron y yo nos convirtamos en esposo y esposo?

—Sabes perfectamente por qué me opongo: ¡es judío!

La gente está muy en contra unos de otros. Han sido condicionados por este antagonismo durante tanto tiempo que han olvidado completamente que todos somos seres humanos, que pertenecemos a la misma Tierra, al mismo planeta.

Cuanto más grande sea la distancia entre una esposa y su marido, mejor será el fruto de su matrimonio. Y lo mismo sucede en la música, la pintura, en las matemáticas, en la física, en la química; una especie de cruce de razas. Siempre que una persona va de una disciplina a otra disciplina, aporta el sabor de su disciplina aunque esa disciplina no pueda ser puesta en práctica. ¿Qué puedes hacer con tu música cuando te adentras en la física? Tienes que olvidarte de ella, pero se queda en el fondo. Se ha vuelto parte de ti; va a afectar todo lo que hagas. La física está muy lejos, pero si has sido educado en la música, más pronto o más tarde encontrarás teorías, hipótesis, que de alguna forma tengan el color y la fragancia de la música. Quizá empieces a sentir que el mundo es una armonía; no un caos, sino un cosmos. Quizá empieces a sentir, buscando en los campos más profundos de la física, que la existencia es una orquesta. Ahora, eso es imposible para uno que no sabe nada de música.

Si el bailarín se adentra en la música aportará algo nuevo, contribuirá con algo nuevo a la música.

Mi sugerencia es que la gente debería ir moviéndose de una disciplina a otra disciplina. Cuando te acostumbras a una disciplina, cuando te encuentras atrapado con la técnica, salta a otra disciplina. Es una buena idea, es una gran idea ir moviéndose de una disciplina a otra. Verás cómo te vuelves cada vez más creativo.

Hay que recordar una cosa: si eres realmente creativo quizá no lleges a ser famoso. A una persona realmente creativa le cuesta tiempo volverse famoso porque tiene que crear los valores; nuevos valores, nuevos criterios, sólo entonces puede ser juzgado. Tiene que esperar por lo menos cincuenta años; para entonces ha muerto. Sólo entonces la gente empieza a apreciarlo. Si quieres fama olvida todo sobre la creatividad. Entonces practica y practica, y sigue haciendo lo que estás haciendo con más habilidad, más perfecto técnicamente y serás famoso; porque la gente lo entiende; ya está aceptado.

Siempre que traes algo nuevo al mundo eres inevitablemente rechazado. El mundo nunca perdona que una persona traiga algo nuevo al mundo. La persona creativa inevitablemente será castigada por el mundo, recuérdalo. El mundo aprecia a la persona no creativa pero habilidosa, a la persona técnicamente perfecta, porque la perfección técnica simplemente significa perfección del pasado. Y todo el mundo entiende el pasado, todo el mundo ha sido educado para entenderlo. Traer algo nuevo al mundo significa que nadie será capaz de apreciarlo; es tan nuevo que no hay ningún criterio con el que pueda ser evaluado. No hay medios todavía en la existencia que puedan ayudar a la gente a entenderlo. Tendrán que pasar por lo menos cincuenta años o más —el artista habrá muerto—, en ese momento la gente empezará a apreciarlo.

Vincent van Gogh no fue apreciado en su día. No vendió nunca ni una sola pintura. Ahora cada una de sus pinturas es vendida por millones de dólares —y la gente no estaba dispuesta ni siquiera a aceptar esos cuadros como regalos de Vincent van Gogh— ¡las mismas pinturas! Se las había dado a sus amigos, a cualquiera que estuviera dispuesto a colgarlas en su habitación. Nadie estaba dispuesto a colgar sus pinturas en sus habitaciones porque la gente estaba preocupada, otros les preguntarían: «¿Te has vuelto loco o algo así? ¿Qué tipo de pintura es ésta?»

Vincent van Gogh tenía su propio mundo. Ha traído una nueva visión. Ha costado muchas décadas; despacio, la humanidad empezó a sentir que había algo en él. La humanidad es lenta y está aletargada, se queda rezagada. Y la persona creativa va siempre por delante de su tiempo, de ahí la brecha.

Por eso si quieres realmente ser creativo tendrás que aceptar que no puedes ser famoso, no puedes ser muy conocido. Si realmente quieres ser creativo tienes que aprender el simple fenómeno de «el arte por el arte mismo», no por ningún otro motivo. Entonces disfruta de todo lo que estés haciendo. Si puedes encontrar algunos amigos que lo disfruten, está bien; si no hay nadie que lo disfrute, entonces disfrútalo solo. Si *tú* lo estás disfrutando, es suficiente. Si te sientes pleno a través de ello, es suficiente.

Me preguntas: «Ya no estoy seguro de cuáles son las cualidades del verdadero arte.»

El verdadero arte es aquel que te

> Todo el mundo entiende el pasado, todo el mundo ha sido educado para entenderlo. Traer algo nuevo al mundo significa que nadie será capaz de apreciarlo; es tan nuevo que no hay ningún criterio con el que pueda ser evaluado.

ayuda a estar en silencio, calmado, dichoso; te da ganas de celebrar, te hace bailar. Si alguien participa contigo o no, carece de importancia. Se convierte en un puente entre tú y Dios, ése es el verdadero arte. Si se convierte en una meditación, ése es el verdadero arte. Si te quedas absorto en él, tan completamente absorto que el ego desaparece, ése es el verdadero arte.

Así que no te preocupes de qué es el verdadero arte. Si haciéndolo disfrutas, si haciéndolo te pierdes, si haciéndolo te sientes inundado de alegría y paz, es verdadero arte. Y no te preocupes de lo que digan los críticos. Los críticos no saben nada del arte. De hecho, las personas que no pueden ser artistas se hacen críticos. Si no puedes participar en una carrera, si no puedes ser un corredor olímpico, por lo menos puedes estar a un lado de la pista y tirarles piedras a los corredores; eso lo puedes hacer fácilmente.

Eso es lo que están haciendo los críticos. No pueden ser participantes, no pueden crear nada.

> ⤳
>
> Disfruta de todo lo que estés haciendo. Si puedes encontrar algunos amigos que lo disfruten, está bien; si no hay nadie que lo disfrute, entonces disfrútalo solo. Si *tú* lo estás disfrutando, es suficiente. Si te sientes pleno a través de ello, es suficiente.

He oído acerca de un místico sufí que le gustaba pintar, y todos los críticos de su tiempo estaban en su contra. Todo el mundo venía y le mostraba: «Esto está mal, esto está mal.»

Se cansó de esta gente y por eso un día, enfrente de su casa colgó una de sus pinturas. E invitó a todos los críticos y les dijo que trajeran pinceles y colores, para que pudieran corregir sus pinturas; le habían criticado suficientemente; ahora había llegado el momento de corregir.

No se presentó ni un solo crítico. Es fácil criticar, es difícil corregir. Y después de eso, los críticos dejaron de criticar sus pinturas. ¡Hizo lo correcto!

Las personas que no saben crear se convierten en críticos; de modo que no te preocupes de ellos. Lo que es decisivo es tu sentimiento interno, tu sensación interna, tu calor interno. Si hacer música te da la sensación de calor, surge en ti alegría, el ego desaparece, entonces se convierte en un puente entre tú y Dios. El arte puede ser la cosa más devocional, la cosa más meditativa posible. Si puedes dedicarte a cualquier arte, música, pintura, escultura, danza, si cualquier arte puede afianzarse en tu ser, ésa es la mejor manera de rezar, la mejor manera de meditar. Entonces no necesitas ninguna otra meditación; ésa es tu meditación. Eso te conducirá poco a poco, paso a paso, hacia Dios. De modo que ése es mi criterio: si te conduce hacia Dios, es verdadero arte, es auténtico arte.

EL ARTE DEL DINERO

¿Puedes hablar sobre el dinero? ¿Qué son todos esos sentimientos acerca del dinero? ¿Qué le hace tan poderoso que la gente sacrifica su vida por él?

Ésta es una pregunta muy significativa.

Todas las religiones han estado en contra de la riqueza porque la riqueza puede darte todo lo que se puede comprar en la vida. Y se puede comprar casi todo excepto aquellos valores espirituales como el amor, la compasión, la iluminación y la libertad. Esas pocas cosas son excepciones; y las excepciones confirman la regla. Todo lo demás lo puedes comprar con dinero. Como todas las religiones han estado en contra de la vida, inevitablemente han estado en contra del dinero. Es el corolario natural. La vida necesita dinero porque la vida necesita comodidades, la vida necesita buena comida, la vida necesita buenas ropas, buenas casas. La vida necesita buena literatura, música, arte, poesía. ¡La vida es vasta!

Y un hombre que no puede entender la música clásica es pobre. Está sordo. Quizá escuche —sus ojos, sus oídos, su nariz, todos sus sentidos estarán físicamente bien— pero metafísicamente... ¿Puedes ver la belleza de la gran literatura, como *El libro de Mirdad*? Si no puedes verla, estás ciego.

Me he encontrado con gente que ni siquiera han escuchado el nombre de *El libro de Mirdad*. Si tengo que hacer una lista de grandes libros, ése será el primero. Pero para ver su belleza necesitarás una tremenda disciplina.

Sólo puedes entender la música clásica si aprendes; y es un aprendizaje largo. Pero para entender eso, necesitarás no pasar hambre, no sufrir la pobreza, estar libre de todo tipo de prejuicios.

Por ejemplo, los musulmanes han prohibido la música; han privado al hombre de una tremenda experiencia. Sucedió en Nueva Delhi... uno de los emperadores musulmanes más poderosos, Aurangzeb, estaba en el trono. Y él no sólo era poderoso, era realmente terrible.

Hasta ese momento los emperadores musulmanes estaban diciendo que la música iba en contra del Islam, pero eso era todo; Delhi estaba lleno de músicos. Pero Aurangzeb no era un caballero. Declaró que si se escuchaba cualquier música en Delhi, el músico sería inmediatamente decapitado. Y Delhi era el centro, naturalmente, porque había sido la capital desde hacía miles de años. Por eso era el lugar en donde vivían todos los genios.

Cuando hizo esta declaración, todos los músicos se reunieron y dijeron: —¡Hay que hacer algo, esto es demasiado! Solían decir que va en contra del Islam; eso está bien. Pero este hombre es peligroso, va a empezar a matar. —De modo que como protesta, todos los músicos —de los que había miles— fueron al palacio de Aurangzeb.

Él salió al balcón y le preguntó a la gente: —Quién ha muerto. —Porque lo que habían hecho..., venían con un cadáver como los llevan en India. Dentro no había ningún cadáver, sólo almohadones, pero habían conseguido que tuviera el aspecto de un cadáver. Aurangzeb preguntó: —¿Quién ha muerto?

Y respondieron: —La música. Y tú eres el asesino.

Aurangzeb dijo: —Está bien que haya muerto. Ahora por favor hacedme un favor: cavad la tumba tan profunda como podáis, para que nunca vuelva a salir de ella.

Esos músicos y sus lágrimas no afectaron a Aurangzeb; estaba haciendo algo «sagrado».

Los musulmanes niegan la música. ¿Por qué? Porque en Oriente la música la tocaban hermosas mujeres. En Oriente y en Occidente el significado de la palabra «prostituta» es diferente. En Occidente la prostituta está vendiendo su cuerpo. En Oriente, en el pasado, la prostituta no estaba vendiendo su cuerpo; estaba vendiendo su genio, su baile, su música, su arte.

Os sorprenderá saber que todos los reyes indios solían enviar a sus hijos, que iban a convertirse en sus sucesores, a vivir con grandes prostitutas durante unos años. Eran enviados a aprender etiqueta, a aprender amabilidad, a aprender música, a aprender las delicadezas del baile; porque un rey debía ser realmente rico en todos los aspectos. Debía entender la belleza, debía entender la lógica, debía tener modales. Ésa era una vieja tradición en India.

Los musulmanes la desbarataron. La música iba en contra de su religión. ¿Por qué? Porque para aprender música tenías que entrar en una casa de prostitución. Los musulmanes están totalmente en contra del disfrute, y la casa de la prostituta estaba llena de risas, canciones, música, danza. Ellos simplemente lo prohibieron: ningún musulmán podía entrar en un lugar de música; escuchar música era pecado.

Y lo mismo han hecho las diferentes religiones; por diferentes razones, pero han estado recortando las riquezas del hombre. Y la enseñanza más básica es que debes renunciar al dinero.

Puedes ver la lógica. Si no tienes dinero, no puedes tener nada más. En lugar de cortar las ramas, estaban cortando las mismas raíces. Un hombre sin dinero está hambriento, es un mendigo, no tiene ropa. No puedes esperar que tenga tiempo para Dostoievski, Nijinsky, Bertrand Russell, Albert Einstein, no; eso es imposible.

El conjunto de todas las religiones han hecho al hombre todo lo pobre que han podido. Han condenado tanto el dinero, han alabado tanto la pobreza que por lo que a mí respecta, son los criminales más grandes que ha conocido el mundo.

Fíjate en lo que dice Jesús: «Un camello puede pasar por el ojo de una aguja, pero un rico no podrá entrar por las puertas del Cielo.» ¿Piensas que este hombre está en sus cabales? Está dispuesto a dejar que un camello pase a través del ojo de una aguja; que es absolutamente imposible, pero acepta que incluso esa imposibilidad podría hacerse posible. Pero ¿un rico entrando en el paraíso? Ésa es una imposibilidad mucho mayor; no hay forma de conseguirlo.

Se critica la riqueza, se critica la abundancia, se critica el dinero. El mundo está dividido en dos campos. El noventa y ocho por ciento de la gente vive en la pobreza pero con una gran consolación, que en donde la gente rica será incapaz de entrar, ellos serán recibidos con los ángeles tocando con sus arpas: «¡Aleluya… Bienvenidos!» Y el dos por ciento que son ricos están viviendo tremendamente culpables de ser ricos.

No pueden disfrutar de su riqueza porque se sienten culpables, y en el fondo tienen miedo: quizá no les dejen entrar en el paraíso. Por eso tienen un gran dilema. La riqueza ha creado culpa en ellos —no serán consolados porque no están llorando—, no les dejarán entrar en el paraíso porque tienen demasiadas cosas en la Tierra. Serán arrojados al Infierno.

Por culpa de esta situación, el hombre rico vive atemorizado. Incluso si disfruta, o trata de disfrutar las cosas, la culpa lo envenena. Quizá esté haciendo el amor con una mujer hermosa, pero sólo su cuerpo estará haciendo el amor. Está pensando en el paraíso en donde están entrando los camellos, y él se queda fuera y no tiene dónde ir. ¿En estas circunstancias, puede este hombre hacer el amor? Podría estar comiendo la mejor comida posible, pero no la puede disfrutar. Sabe que la vida es corta, y después de eso sólo hay oscuridad y el fuego del Infierno. Vive paranoico.

El pobre ya está viviendo en el Infierno, pero vive con una consolación. Te sorprenderá saber que en los países pobres la gente está más contenta que en los países ricos. He visto a los más pobres de India sin ninguna señal de insatisfacción en absoluto. Y los americanos van dando la vuelta al mundo buscando consejo espiritual; naturalmente, porque no quieren ser derrotados por los camellos; quieren entrar por las puertas del Cielo. Quieren encontrar algún camino, algún yoga, algún ejercicio como compensación.

El mundo entero ha sido vuelto en contra de sí mismo.

Soy quizá la primera persona que es respetuosa con el dinero, la riqueza, porque te puede hacer multidimensionalmente rico.

Un pobre no puede entender a Mozart, un hombre hambriento no puede entender a Miguel Ángel, un mendigo no puede mirar los cuadros de Vincent van Gogh. Y la gente que padece hambre no tiene suficiente energía para ser inteligente. La inteligencia llega sólo cuando tienes en ti energía de sobra; ellos ganando sólo pan y mantequilla se quedan agotados. No tienen inteligencia, no pueden entender *Los hermanos Karamazov*, sólo pueden entender a algún estúpido sacerdote en una iglesia.

Ni el sacerdote entiende de qué está hablando, ni la audiencia. La mayoría están profundamente dormidos, agotados después de seis días de trabajo. Y el sacerdote está más cómodo si todo el mundo está dormido, así no tiene que preparar un nuevo sermón. Puede seguir utilizando el viejo sermón. Todo el mundo está dormido, nadie se dará cuenta de que les está engañando.

La riqueza es tan importante como la buena música, como la buena literatura, como las obras maestras en el arte.

Hay personas que tienen una capacidad innata para ser músicos. Mozart comenzó a tocar hermosa música a la edad de ocho años. Cuando tenía ocho años, otros grandes maestros de música ni se le acercaban. Este hombre ha nacido con esa creatividad. Vincent van Gogh nació de un padre pobre que trabajaba en una mina de carbón. Nunca recibió educación, nunca fue a ninguna escuela de arte, pero se convirtió en uno de los pintores más grandes del mundo.

Sólo hace unos días vi una foto de una de sus pinturas. Por esa pintura fue el hazmerreír de todos los pintores, ¿qué decir de los demás?, porque había pintado estrellas de una forma que nadie las había visto: como una nebulosa, todas las estrellas en movimiento, como una rueda girando continuamente. ¿Quién ha visto estrellas así?

Incluso otros pintores le dijeron: —¡Te estás volviendo loco; eso no son estrellas! —Y además, los árboles que había pintado por debajo de las estrellas suben más alto que las estrellas. Las estrellas se quedan atrás, los árboles suben mucho más arriba. ¿Quién ha visto árboles así? ¡Esto es una locura!

Pero hace algunos días vi un dibujo de ese tipo. Los físicos han descubierto ahora que Van Gogh tiene razón: las estrellas no son como parecen, son exactamente de la forma que las pintó. ¡Pobre Van Gogh! Qué ojos debía de tener ese hombre para poder ver lo que a los físicos les ha costado encontrar cien años, con todos sus grandes laboratorios y gran tecnología. Y Vincent van Gogh, extrañamente, sólo con los ojos desnudos pudo comprender la forma exacta de las estrellas. Están girando, son derviches giróvagos; no son estáticas, como tú las ves.

Y cuando le preguntaron sobre los árboles: —¿Dónde has encontrado esos árboles que van más allá de las estrellas? —Él dijo—: Éstos son los árboles que he encontrado sentándome a su lado y escuchando sus ambiciones. Les he escuchado decir a los árboles que son la ambición de la Tierra por alcanzar las estrellas.

Quizá harán falta unos cuantos siglos más para que los científicos descubran que ciertamente los árboles son la ambición de la Tierra. Hay algo cierto, los árboles van en contra de la gravitación. La Tierra les deja ir en contra de la fuerza de la gravitación; apoyándolos, ayudándolos. Quizá la Tierra quiere tener una comunicación con las estrellas. La Tierra está viva, y la vida siempre quiere ir más alto, cada vez más alto. No hay límite para sus aspiraciones. ¿Cómo lo va a entender la gente pobre? No tienen la inteligencia.

> De la misma forma que hay poetas de nacimiento y hay pintores de nacimiento, me gustaría que recordaras que hay creadores de riqueza de nacimiento. Nunca han sido apreciados.

De la misma forma que hay poetas de nacimiento y hay pintores de nacimiento, me gustaría que recordaras que hay creadores de riqueza de nacimiento. Nunca han sido apreciados. No todo el mundo es un Henry Ford, y no lo puede ser.

Henry Ford nació pobre y se convirtió en el hombre más rico del mundo. Debía de tener algún talento, alguna aptitud para hacer dinero, para crear riqueza. Y eso es mucho más difícil que crear una pintura, o música, o poesía. Crear riqueza no es un trabajo fácil. Henry Ford debería ser elogiado como cualquier otro maestro músico, novelista, poeta; de hecho, debería ser más elogiado, porque con su dinero se puede comprar toda la poesía, toda la música y toda la escultura del mundo.

Yo respeto el dinero. El dinero es uno de los inventos más grandes del hombre. Es sólo un medio. Sólo los idiotas lo han condenado; quizá estaban celosos de que otros tuvieran dinero y ellos no. Su envidia se convirtió en su condena.

El dinero no es nada más que una manera científica de intercambiar cosas. Antes de que hubiera dinero, la gente tenía un gran problema. En todo el mundo había un sistema de trueque. Tienes una vaca y quieres comprar un caballo. En una situación así esto va a ser la tarea de toda una vida... Tienes que encontrar un hombre que quiera vender un caballo y quiera comprar una vaca. ¡Es muy difícil! Puedes encontrar a gente que tenga caballos pero no esté interesada en comprar vacas. Podrías encontrar a gente que está interesada en comprar vacas pero no tenga caballos.

Ésa era la situación antes de que apareciera el dinero. Naturalmente era inevitable que la gente fuese pobre: no podían vender cosas, no podían comprar cosas. Era un trabajo muy difícil. El dinero lo simplificó. El hombre que quiere vender la vaca no necesita buscar al hombre que quiere vender su caballo. Puede simplemente vender la vaca, tomar el dinero y buscar al hombre que quiere vender su caballo aunque no esté interesado en una vaca.

> Crear riqueza no es un trabajo fácil. Henry Ford debería ser elogiado como cualquier otro maestro músico, novelista, poeta; de hecho, debería ser más elogiado, porque con su dinero se puede comprar toda la poesía, toda la música y toda la escultura del mundo.

El dinero se convirtió en un medio de cambio; el sistema de trueque desapareció del mundo. El dinero prestó un gran servicio a la humanidad; y como la gente se volvió capaz de comprar, vender, naturalmente se hizo cada vez más rica.

Hay que entender esto. Cuanto más dinero se mueve, más dinero tienes. Por ejemplo, si yo tengo un dólar conmigo... Es sólo un ejemplo, no tengo ni uno, no tengo conmigo ni un centavo; ¡ni siquiera tengo bolsillos! Algunas veces me preocupo porque si consigo un dólar, ¿dónde lo voy a guardar?

Por ejemplo, si tengo un dólar y me lo guardo en el bolsillo, entonces en todo el auditorio hay un solo dólar. Pero si compro algo y el dólar va a parar a otra persona, yo obtengo el valor del dólar, que voy a disfrutar. Tú no te puedes comer el dólar, ¿cómo vas a disfrutarlo guardándolo? Sólo lo puedes disfrutar si lo gastas. Yo disfruto y el dólar llega a manos de otra persona. Ahora si esta persona se lo guarda, entonces sólo hay dos dólares; uno ya lo he disfrutado, y el otro lo tiene el avaro que se lo guarda.

> El dinero es un gran invento. Enriquece a la gente, hace a la gente capaz de tener cosas que no tiene. Pero todas las religiones han estado en su contra.

Pero si nadie se aferra, y todo el mundo mueve el dólar todo lo rápido que pueda, si hay tres mil personas, se habrán utilizado tres mil dólares, se habrán disfrutado. Esto sucede en una sola vuelta. Si da más vueltas habrá más dólares. No está entrando nada —de hecho hay sólo un dólar— pero moviéndolo se va multiplicando a sí mismo.

Por eso al dinero se le llama moneda;[6] debe de correr. Ése es mi significado. No conozco otros significados. Uno no debería de guardárselo. En el momento que lo consigas, ¡gástalo! No pierdas el tiempo, porque en ese tiempo estás impidiendo que el dólar crezca, que se vaya haciendo cada vez más y más.

El dinero es un gran invento. Enriquece a la gente, hace a la gente capaz de tener cosas que no tiene. Pero todas las religiones han estado en su contra. No quieren que la humanidad sea rica y no quieren que la humanidad sea inteligente porque si la gente es inteligente, ¿quién va a leer la Biblia?

---

6. Del inglés *currency* (que corre). *(N. del T.)*

Las religiones nunca han querido que el hombre sea inteligente, nunca han querido que el hombre sea rico, nunca han querido que el hombre disfrute, porque la gente que está sufriendo, pobre, poco inteligente, son clientes de las iglesias, las sinagogas, los templos, las mezquitas.

Nunca voy a ningún lugar religioso. ¿Por qué debería ir? Si el lugar religioso quiere probar un poco de religión debería venir a mí. Yo no voy a la Meca, ¡la Meca tiene que venir a mí! No voy a Jerusalén, no estoy loco; sólo un poco chalado, pero no loco. Y cuando nosotros podemos crear un lugar de alegría y de risa y de amor aquí, ¿qué hay en Israel? Nosotros hemos creado un nuevo Israel.

Renuncia a todas las ideas que te han sido impuestas sobre el dinero. Sé respetuoso con él. Crea riqueza, porque sólo después de crear riqueza se abren otras dimensiones para ti.

> Renuncia a todas las ideas que te han sido impuestas sobre el dinero. Sé respetuoso con él. Crea riqueza, porque sólo después de crear riqueza se abren otras dimensiones para ti.

Creación

LA CREATIVIDAD SUPREMA,
EL SENTIDO DE LA VIDA

LA VIDA en sí misma no tiene sentido. La vida es una oportunidad para crear un sentido. No hay que descubrirlo el sentido, hay que crearlo. Sólo encontrarás un sentido si lo creas. No está tirado por ahí detrás de los arbustos, para que puedas ir y buscar un poco y encontrarlo. No es una roca que vayas a encontrar. Es una poesía que hay que componer, es una canción que hay que cantar, es una danza que hay que bailar.

El sentido de la vida es una danza, no una roca. El sentido es música. Sólo lo encontrarás si lo creas. Recuérdalo.

Millones de personas están viviendo sus vidas sin sentido por esa estúpida idea de que hay que descubrir el sentido. Como si ya estuviera allí y lo único que necesitas es levantar la cortina y... ¡Contempla! Ahí está el sentido. No es así.

De modo que recuerda: Buda encuentra un sentido porque lo crea. Yo lo encontré porque lo creé. Dios no es nada sino creación. Y sólo aquellos que lo crean lo encuentran. Y es bueno que el sentido no esté tirado en algún lugar, si no una persona lo habría descubierto; entonces ¿qué necesidad habría de que todos los demás lo descubrieran?

¿Puedes ver la diferencia entre el significado religioso y el significado científico? Albert Einstein descubrió la teoría de la relatividad; ¿tienes ahora tú que volver a descubrirla cada vez? Serías tonto si tuvieras que descubrirla cada vez. ¿Qué sentido tiene? Un hombre lo ha hecho; te ha dado el mapa. Puede que a él le haya costado años, pero a ti entenderlo te costará unas horas. Puedes ir a la universidad y aprender.

Buda también descubrió algo, Zaratustra también descubrió algo, pero no es como el descubrimiento de Albert Einstein. Aquí no sólo tienes que seguir a Zaratustra y su mapa para encontrarlo. Nunca lo encontrarás. Te tendrás que convertir en Zaratustra. ¡Fíjate en la diferencia!

> *Millones de personas están viviendo sus vidas sin sentido por esa estúpida idea de que hay que descubrir el sentido. Como si ya estuviera allí y lo único que necesitas es levantar la cortina, y... ¡Contempla! Ahí está el sentido. No es así.*

Para entender la teoría de la relatividad, no necesitas convertirte en Albert Einstein, no. Sólo tienes que tener una inteligencia corriente, eso es todo. Si no eres demasiado retrasado, lo entenderás.

Pero para entender el significado de Zaratustra, te tendrás que convertir en un Zaratustra; menos que eso no servirá. Lo tendrás que crear una y otra vez. Y cada individuo tiene que dar nacimiento a Dios, a un sentido, a la verdad; cada hombre tiene que quedar preñado de ello e ir a través de los dolores del parto. Cada uno tiene que llevarlo en su propio vientre, alimentarlo con su propia sangre, y sólo entonces uno lo descubre.

Si no le encuentras ningún sentido a la vida, debes de estar esperando pasivamente a que aparezca..., nunca aparecerá. Ésa ha sido la idea de las antiguas religiones, que el sentido ya está ahí. ¡No lo está! Ahí está la libertad para crearlo, ahí está la energía para crearlo. Ahí está el campo para sembrar las semillas y cosechar el fruto. Todo está ahí; pero hay que darle un sentido. Por eso crearlo es tal alegría, tal aventura, tal éxtasis.

Por eso, primero: la religión tiene que ser creativa. Hasta ahora, la religión ha permanecido muy pasiva, casi impotente. No esperas que una persona religiosa sea creativa. Sólo esperas de ella que ayune, que se siente en una cueva, que se levante temprano por la mañana, recite mantras... y todo es tipo de cosas estúpidas. ¡Y estás perfectamente satisfecho! ¿Qué está haciendo? Y la ensalzas porque hace ayunos prolongados. Quizá es una masoquista; quizá disfruta torturándose a sí misma. Se sienta ahí desnuda cuando hace un frío glacial, y tú lo valoras.

Pero ¿de qué se trata, qué valor tiene esto? Todos los animales del mundo están desnudos en un frío glacial; no son santos. O cuando hace calor, se sienta en el sol ardiente, y tú la ensalzas. Dices: «¡Mira! Aquí hay un gran asceta.» Pero ¿qué está haciendo? ¿Cuál es su contribución al mundo? ¿Qué belleza ha añadido al mundo? ¿Ha cambiado un poco el mundo? ¿Lo ha hecho un poco más dulce, más fragante? No, tú no preguntas eso.

Ahora, yo te digo, esto es lo que hay que preguntar. Alaba a un hombre que haya creado una canción. Elogia a un hombre que haya hecho una bella escultura. Elogia a un hombre porque toca muy bien la flauta. A partir de ahora deja que éstas sean cualidades religiosas. Alaba a un hombre por ser un gran amante; el amor es religión. Alaba a un hombre porque, a través de él, el mundo está cada vez más lleno de gracia.

Olvídate de todas esas cosas estúpidas como ayunar o sentarse en una cueva, torturarse a uno mismo, o tumbarse sobre una cama llena de clavos. Elogia a un hombre porque ha cultivado rosas hermosas; el mundo tiene más color gracias a él. Y entonces encontrarás el sentido.

> La vida no está prefabricada, disponible. Tienes la vida que creas, sacas de la vida lo mismo que pones. Primero tienes que llenarla de un sentido. Le tienes que dar color, música y poesía, tienes que ser creativo. Sólo entonces estarás vivo.

El sentido surge de la creatividad. La religión tiene que volverse más poética, más estética.

Y segundo: algunas veces sucede que buscas un sentido porque ya has sacado una conclusión. Partiendo de esa conclusión te pones a buscarlo. Ya has decidido qué sentido tiene que tener, o debe de haber... y luego no lo encuentras.

La investigación tiene que ser pura. ¿Qué quiero decir con que la investigación tiene que ser pura? No debe contener ninguna conclusión. No debe contener ningún *a priori*.

¿Qué sentido estás buscando? Si ya has llegado a la conclusión de que estás buscando un sentido determinado, no lo encontrarás; porque desde el principio tu investigación está polucionada, tu investigación es impura. Ya has decidido.

> Elogia a un hombre que haya hecho una bella escultura. Elogia a un hombre porque toca muy bien la flauta. A partir de ahora deja que éstas sean cualidades religiosas.

Por ejemplo, si un hombre entra en mi jardín y piensa que va a encontrar allí un diamante, y sólo entonces el jardín es hermoso... Y no puede encontrar el diamante, entonces dice que el jardín no tiene un sentido. Hay tantas flores hermosas, tantos pájaros cantando, tantos colores, el viento soplando a través de los pinos, el musgo en las rocas. Pero no puede ver ningún sentido porque tiene una idea determinada: tiene que encontrar el diamante, un *kohinoor*; sólo entonces tendrá un sentido. No encuentra un sentido por culpa de esta idea.

Deja que tu investigación sea pura. No vayas con ideas fijas. Ve vulnerable y desnudo. Ve abierto y vacío. Y no sólo encontrarás un sentido, encontrarás mil y un sentidos. Entonces cada cosa se volverá llena de sentido. Una piedra de colores brillando con los rayos del sol..., o una gota de rocío creando un pequeño arco iris a su alrededor..., o una pequeña flor bailando al viento... ¿Qué sentido estás buscando?

No empieces con una conclusión, si no has empezado mal desde el principio. ¡Ve sin ninguna conclusión! Eso es lo que quiero decir cuando repito: si quieres encontrar la verdad ve sin conocimiento. El erudito nunca la encuentra. Su conocimiento es una barrera.

Goldstein nunca había asistido a una función en un teatro clásico. Para su cumpleaños, sus hijos decidieron regalarle una entrada.

La noche siguiente al espectáculo, vinieron a visitarle y le preguntaron ansiosamente qué le había parecido. —Ah —respondió— era una tontería. Cuando ella quería, él no quería. Cuando él quería, ella no quería. Y cuando los dos querían, ¡bajaron el telón!

Ahora, si vas con una idea fija, entonces sólo estás buscando eso, sólo estás buscando eso… Y por culpa de esta estrechez de miras, no ves todo lo que está disponible.

El sentido hay que crearlo. Y el sentido tiene que buscarse sin ninguna conclusión previa. Si puedes renunciar a lo que conoces, la vida de repente se llena de color; se vuelve psicodélica. Pero vas cargando continuamente con el peso de tus escrituras, libros, teorías, doctrinas, filosofías… estás perdido en todo eso. Y todo se ha mezclado, es un batiburrillo, y ni siquiera puedes recordar qué es qué.

> No vayas con ideas fijas. Ve vulnerable y desnudo. Ve abierto y vacío. Y no sólo encontrarás un sentido, encontrarás mil y un sentidos.

Tu mente es un desastre. ¡Límpiala! Ponla en blanco. La mente vacía es la mejor mente. Y aquellos que te han estado diciendo que la mente vacía es el taller del diablo son los agentes del diablo. La mente vacía está más cerca de Dios que cualquier otra cosa. La mente vacía no es el taller del diablo. El diablo no puede hacer nada sin pensamientos.

Con el vacío, el diablo no puede hacer nada en absoluto. No tiene forma de entrar en el vacío.

Tienes tantos pensamientos mezclados en la mente, no hay nada claro; has escuchado tantas cosas desde tantas fuentes... ¡tu mente es un monstruo! Estás tratando de recordar, te han dicho que recuerdes: «¡No te olvides!» Pero naturalmente el peso es tan grande que no puedes recordar. Has olvidado muchas cosas. Has imaginado y añadido muchas cosas tuyas.

> El sentido llega a través de la participación. ¡Participa en la vida! Participa tan profundamente, tan totalmente como puedas. Arriesga todo por la participación. Si quieres saber qué es el baile, no vayas a ver a un bailarín; aprende a bailar, sé un bailarín. Si quieres conocer cualquier cosa, ¡participa!

Un inglés que visitaba Norteamérica asistió a un banquete y escuchó al maestro de ceremonias hacer el siguiente brindis:

—Brindo por el momento más feliz de mi vida, vivido en los brazos de la esposa de otro hombre: mi madre.

—Por Júpiter, eso está que rompe —pensó para sí mismo el inglés—. Debo de recordarlo para usarlo cuando vuelva a casa.

Unas semanas más tarde cuando regresó a Inglaterra, asistió a un almuerzo en la iglesia y le pidieron que hiciera el brindis. En un tono atronador se dirigió a la habitación abarrotada:

—Brindo por el momento más feliz de mi vida, vivido en los brazos de la mujer de otro hombre...

Después de una larga pausa la muchedumbre comenzó a estar muy inquieta y miró al orador con indignación. El amigo del orador, sentado junto a él, le susurró: —Mejor será que te expliques rápidamente.

—Por Júpiter —espetó el orador—, me tendrán que perdonar. Me he olvidado del nombre de esa estupenda mujer.

Esto es lo que está sucediendo. Recuerdas: «Platón ha dicho

esto.» Y recuerdas: «Lao Tzu ha dicho aquello.» Y te acuerdas de lo que dijo Jesús y lo que dijo Mahoma... y recuerdas muchas cosas, todas se mezclan y no has dicho nada tuyo. A menos que digas algo tuyo te perderás el sentido.

Renuncia al conocimiento y vuélvete más creativo. Recuerda, el conocimiento es una acumulación, no hace falta que seas creativo; sólo tienes que ser receptivo. Y en eso se ha convertido el hombre: el hombre es reducido al papel de espectador. Lee los periódicos, lee la Biblia, el Corán y el Gita; va al cine, se sienta y mira la película; va al fútbol o se sienta delante del televisor, escucha la radio..., y así sucesivamente. Está inmerso en una especie de inactividad las veinticuatro horas del día, es un espectador. Los demás están haciendo cosas y él simplemente está mirando. Mirando no encontrarás un sentido.

Puedes ver mil y un amantes haciendo el amor pero no sabrás lo que es el amor; mirando no sabrás lo que es el abandono orgásmico. Tendrás que participar. El sentido llega a través de la participación. ¡Participa en la vida! Participa tan profundamente, tan totalmente como puedas. Arriesga todo por la participación. Si quieres saber qué es el baile no vayas a ver a un bailarín; aprende a bailar, sé un bailarín. Si quieres conocer cualquier cosa, ¡participa! Éste es el camino correcto y verdadero, el camino auténtico para conocer algo. Y tu vida tendrá mucho sentido. Y no en una sola dimensión, serán sentidos multidimensionales. Serás colmado de sentidos.

La vida tiene que ser multidimensional, sólo entonces tiene sentido. Nunca reduzcas la vida a una sola dimensión. Eso también es un problema. Alguien se convierte en un ingeniero, y piensa que todo ha terminado. Se identifica con ser un ingeniero. Entonces, durante toda su vida, es sólo un ingeniero... y podía haber hecho millones de cosas de él pero se mueve en un solo camino. Se aburre, está harto. Está cansado, saturado. Va arrastrándose. Sólo espera la muerte. ¿Qué sentido puede haber allí?

Ten más intereses en la vida. No seas siempre un hombre de negocios; algunas veces juega también. No seas sólo un doctor o un ingeniero, o un director de escuela, o un profesor; ¡sé todas las cosas que puedas! Juega a cartas, toca el violín, canta una canción, sé fotógrafo aficionado, un poeta… Encuentra tantas cosas como puedas en la vida, y entonces tendrás una riqueza. El sentido es un derivado de la riqueza.

He escuchado una historia muy significativa sobre Sócrates:

Sócrates, mientras esperaba la muerte en la prisión, estaba atormentado por un sueño que le seguía exhortando: «Sócrates, ¡haz música!» El anciano sintió que siempre había servido al arte con su filosofía. Pero ahora, espoleado por esta misteriosa voz, puso sus fábulas en verso, dedicó un himno a Apolo, y se puso a tocar la flauta.

Cara a cara con la muerte, la filosofía y la música fueron brevemente de la mano, y Sócrates estaba más estático que nunca.

> Deja que haya momentos inexplicables. Deja que haya cosas misteriosas, que no puedas justificar con ninguna razón. Haz algunas cosas por las que la gente crea que estás un poco loco.

Nunca había tocado la flauta. Algo en él le insistía: «Sócrates, ¡haz música!» ¡Justo antes de morir! Parecía tan ridículo. Y nunca había tocado, nunca había hecho música. Una parte de su ser había permanecido sofocada; sí, incluso un hombre como Sócrates seguía siendo unidimensional. La parte negada insistía: «Basta de lógica; un poco de música te vendrá bien, te equilibrará. Basta de raciocinio; toca la flauta.» Y la voz era tan persistente que tuvo que ceder.

Sus discípulos se debieron de quedar sorprendidos: «¿Se ha vuelto loco? ¿Sócrates tocando la flauta?» Pero para mí es muy significativo. Puede que la música no haya sido gran cosa, porque nunca había tocado. Debe de haber sido absolutamente *amateur,* infantil; pero algo quedó satisfecho, algo se unió. Había dejado de ser parcial. Por primera vez en su vida, quizá, había sido espontáneo.

Por primera vez había hecho algo que no podía justificar con ninguna razón. De lo contrario, era un hombre racional.

Justo la otra noche estaba leyendo una historia acerca del gran místico hassid, Baal Shem.

Era un día de fiesta y los hassidis se habían reunido para rezar y para estar en comunión —*satsang*— con el maestro.

Un hombre había venido con su hijo retrasado mental. Estaba un poco preocupado por él, el muchacho podría llegar a hacer algo. Por eso no le quitaba ojo. Cuando finalizaron las oraciones, el muchacho le preguntó al padre: —Tengo un silbato; ¿puedo tocarlo?

El padre le dijo: —De ninguna manera; ¿dónde tienes el silbato? —porque tenía miedo de que el muchacho pudiera no obedecer su «no». El muchacho le enseñó al padre en qué bolsillo guardaba el silbato, y el padre no quitaba el ojo del bolsillo. Después hubo un baile, y el padre se olvidó y también se puso a bailar. A los hassidis les gustaba bailar, eran gente alegre. Lo mejor del judaísmo, la esencia misma del judaísmo, estaba con ellos, con estos locos.

Cuando todo el mundo estaba rezando a Dios y bailando, de repente el muchacho no lo pudo resistir. Agarró el silbato y sopló. ¡Todo el mundo quedó escandalizado! Pero Baal Shem fue, abrazó al muchacho y dijo: —Nuestras oraciones han sido escuchadas. Sin este silbato, todo era inútil; porque ésta ha sido la única cosa espontánea aquí. Todo lo demás ha sido ritual.

No dejes que tu vida se convierta en un ritual muerto. Deja que haya momentos inexplicables. Deja que haya cosas misteriosas, que no puedas justificar con ninguna razón. Haz algunas cosas por las que la gente crea que estás un poco loco. Un hombre que está cuerdo al ciento por ciento está muerto. Siempre es una gran alegría si va acompañado de un poco de locura. No dejes de hacer algunas locuras tú también. Y entonces podrás encontrarle un sentido.

PARA MÁS INFORMACIÓN:
www.osho.com

Un amplio sitio web en varias lenguas, que ofrece una revista, libros, audios y vídeos Osho y la Biblioteca Osho con el archivo completo de los textos originales de Osho en inglés e hindi, además de una amplia información sobre las meditaciones Osho. También encontrarás el programa actualizado de la Multiversity Osho e información sobre el Resort de Meditación Osho Internacional.

Website:
http://OSHO.com/resort
http://OSHO.com/magazine
http://OSHO.com/shop
http://www.youtube.com/OSHO
http://www.oshobytes.blogspot.com
http://www.twitter.com/OSHOtimes
http://www.facebook.com/osho.international
http://www.flickr.com/photos/oshointernational

Para contactar con OSHO International Foundation, dirígete a: www.osho.com/oshointernational

ACERCA DEL AUTOR

RESULTA DIFÍCIL CLASIFICAR LAS ENSEÑANZAS DE OSHO, que abarcan desde la búsqueda individual hasta los asuntos sociales y políticos más urgentes de la sociedad actual. Sus libros no han sido escritos, sino transcritos a partir de las grabaciones de audio y vídeo de las charlas improvisadas que ha dado a una audiencia internacional. Como él mismo dice: «Recuerda: todo lo que digo no es solo para ti… hablo también a las generaciones del futuro». El londinense *The Sunday Times* ha descrito a Osho como uno de los «mil creadores del siglo XX», y el escritor estadounidense Tom Robbins como «el hombre más peligroso desde Jesucristo». El *Sunday Mid-Day* (India) ha seleccionado a Osho como una de las diez personas (junto a Gandhi, Nehru y Buda) que ha cambiado el destino de la India.

Acerca de su trabajo, Osho ha dicho que está ayudando a crear las condiciones para el nacimiento de un nuevo tipo de ser humano. A menudo ha caracterizado a este ser humano como Zorba el Buda: capaz de disfrutar de los placeres terrenales, como Zorba el griego, y de la silenciosa serenidad de Gautama Buda. En todos los aspectos de la obra de Osho, como un hilo conductor, aparece una visión que conjuga la intemporal sabiduría oriental y el potencial, la tecnología y la ciencia occidentales.

Osho también es conocido por su revolucionaria contribución a la ciencia de la transformación interna, con un enfoque de la meditación que reconoce el ritmo acelerado de la vida contemporánea. Sus singulares «meditaciones activas» están destinadas a liberar el estrés acumulado en el cuerpo y la mente, y facilitar una experiencia de tranquilidad y relajación libre de pensamientos en la vida diaria. Está disponible en español una obra autobiográfica del autor, titulada: *Autobiografía de un místico espiritualmente incorrecto*, Editorial Kairós, Booket.

RESORT DE MEDITACIÓN OSHO INTERNATIONAL

EL RESORT DE MEDITACIÓN es un maravilloso lugar para pasar las vacaciones y un lugar en el que las personas pueden tener una experiencia directa y personal con una nueva forma de vivir, con una actitud más atenta, relajada y divertida. Situado a unos ciento sesenta kilómetros al sudeste de Bombay, en Pune, India, el centro ofrece diversos programas a los miles de personas que acuden a él todos los años procedentes de más de cien países.

Desarrollada en principio como lugar de retiro para los marajás y la adinerada colonia británica, Pune es en la actualidad una ciudad moderna y próspera que alberga numerosas universidades e industrias de alta tecnología. El Resort de Meditación se extiende sobre una superficie de más de dieciséis hectáreas, en una zona poblada de árboles, conocida como Koregaon Park. Ofrece alojamiento para un número limitado de visitantes en una nueva casa de huéspedes, y en las cercanías existen numerosos hoteles y apartamentos privados para estancias desde varios días hasta varios meses.

Todos los programas del centro se basan en la visión de Osho de un ser humano cualitativamente nuevo, capaz de participar con creatividad en la vida cotidiana y de relajarse con el silencio y la meditación. La mayoría de los programas se desarrollan en instalaciones modernas, con aire acondicionado, y entre ellos se cuentan sesiones individuales, cursos y talleres, que abarcan desde las artes creativas hasta los tratamientos holísticos, pasando por la transformación y terapia personales, las ciencias esotéricas, el enfoque zen de los deportes y otras actividades recreativas, problemas de relación y transiciones vitales importantes para hombres y mujeres. Durante todo el año se ofrecen sesiones individuales y talleres de grupo, junto con un programa diario de meditaciones. Los cafés y restaurantes al aire libre del Resort de Meditación sirven cocina tradicional hindú y platos internacionales, todos ellos confeccionados con vegetales ecológicos cultivados en la granja de la comuna.

El complejo tiene su propio suministro de agua filtrada.

www.osho.com/resort

Creatividad de Osho
se terminó de imprimir en agosto de 2018
en los talleres de
Impresora Tauro S.A. de C.V.
Av. Plutarco Elías Calles 396, col. Los Reyes,
Ciudad de México